DESPUÉS DEL ABUSO SEXUAL

RELATOS DE TRATAMIENTOS PSICOANALÍTICOS

ANDREA AGHAZARIAN

EDICIONES
ciccus

Aghazarian, Andrea
Después del abuso sexual : relatos de tratamientos psicoanalíticos / Andrea Aghazarian. - 1a ed - Ciudad Autónoma de Buenos Aires : Fundación CICCUS, 2024.
96 p. ; 23 x 16 cm.

ISBN 978-987-693-318-6

1. Abuso Sexual. 2. Psicoanálisis. I. Título.
CDD 150.195

Obra de tapa: Andrea Aghazarian, "Mujer", carbonilla sobre papel.
Diseño de tapa: Andrea Hamid
Corrección: Véronique Celton
Coordinación: Alejandra Teijido
Diseño y producción gráfica: Andrea Hamid

Impreso en Argentina
Printed in Argentina

En medio de tantas injusticias, hay un acto de justicia que solo las víctimas pueden promover en beneficio propio y es hablar, pedir ayuda, ir tras la conquista de sus derechos, el disfrute de su propia sexualidad y la búsqueda constante de sus propios deseos. Es ahí donde está el trabajo clínico.

Si pudieras compartir la foto del libro en tus redes, es probable que le llegue a alguien que lo esté precisando.

Etiquetame @andreaaghazarian

Índice

Agradecimientos

A mis pacientes, uno a uno, por su apuesta al amor. A mis amigos, que me estimularon para que escriba. A los que me ayudaron en cada una de las piedras al tropezarme. A los que escribieron antes que yo y a los que lo harán después. A todos los niños que nos enseñan cada día, a los niños que llevamos dentro que nos recuerdan. A la mujer que fui y a la que seré. A mis colegas, que puedan tomar amorosamente de estas experiencias clínicas. A los niños, por resistir la supervivencia al abuso. A los familiares que creyeron, acompañaron y se involucraron en las terapias. A los lectores, por tolerar este difícil embate. A mis abuelos, que me criaron, por su amor incondicional.

A Inés Bouso, mi analista. En memoria.

Prólogo

Este es un libro muy interesante, didáctico y urgente para los tiempos actuales, sobre todo porque reúne varios testimonios de personas que relatan lo que les ha significado haber sido víctimas y también sobrevivientes, resilientes. A esto último las ayudó Andrea Aghazarian, la analista y autora del presente texto, la licenciada que demuestra que la cura por la palabra aún existe y eso hace que el psicoanálisis continúe siendo eficaz. Así, esta terapeuta se muestra empáticamente amorosa con sus pacientes, básicamente porque trabaja con respeto, cuidado, afecto y compromiso ético, justamente lo que no recibieron –de parte de sus abusadores y sus cómplices– esos sujetos sufrientes.

En estas páginas se encontrarán también conceptos nodales para los que formamos parte del "ámbito psi", como culpa, sexualidad, recuerdos reprimidos (los cuales ayudan a seguir adelante y cuyo levantamiento genera alivio, sanación, aunque no sin dolor), sueños, transferencia, salud, angustia, entre otros.

Andrea se direcciona hacia las infancias y adolescencias, por ende, este libro debería circular acompañando a la Ley de Educación Sexual Integral (ESI), incluso como herramienta preventiva del Abuso Sexual Infantil (ASI) y otras violencias, dejando frases memorables (por ejemplo: "... ningún niño nace triste, silencioso y controlado"; "El trabajo que debe hacer el paciente adulto que ha sufrido abuso en su infancia es el de desalojar a ese profanador de la sexualidad, para rehabilitar y readueñarse de lo propio"; "... las personas que han sido abusadas durante su niñez en su vida adulta se piensan extremadamente fuertes físicamente, como si hubiera una negación de su vulnerabilidad ya vulnerada. Una forma que encuentra el psiquismo que ayuda a sobrevivir ante tanta indefensión de la infancia") y aportes contundentes para todes: los y las profesionales de la salud mental, las víctimas, les que maternan/paternan/"ahíjan", les docentes, les comunicadores sociales, etc., porque, como dice Aghazarian: "No se puede ser psicoanalista y trabajar con los pacientes sin que duela profundamente el dolor del otro".

Alejandro Viedma[1]
Licenciado en Psicología. Psicoanalista

1 Contacto Instagram: @aleviedmapsi.

Introducción

Este libro es el resultado de muchos años de trabajo comprometido e intenso. Y mi objetivo es que pueda llegar a todas aquellas personas que jamás sospecharon que el abuso sexual existe como parte de la realidad, así como, fundamentalmente, a aquellas víctimas de abuso sexual y a familiares que aún buscan qué hacer con lo que les ha ocurrido.

Por estas razones, comparto las historias y los procesos de extractos de tratamientos de algunos pacientes, *con cambios en algunos de los datos personales y del contexto, a fin de cuidar su privacidad, y con autorización de los mismos,* replicando sí, en forma fiel, lo que fue el transcurso de sus tratamientos, como para mostrar que la psicología, y más específicamente el psicoanálisis en mi caso, puede acompañar ayudando a adquirir una calidad de vida que hasta el momento había sido robada; a lograr transitar la sexualidad, en su sentido más abarcador, como propia, y a conquistar un mundo afectivo satisfactorio; lugares a los que todos y todas deberían arribar.

El trabajo, la mirada, la elaboración y el análisis están puestos al servicio de las víctimas de violencias. Dejo los conceptos de delito, justicia y pena a otras ciencias, en lo que respecta al abusador, ya que estos hechos, por desgracia, se viven e interpretan aún de formas diferentes de acuerdo con cada cultura, credo, legislación o contexto, lo que complejiza el abordaje. Hay que remarcar que siempre es la misma forma de violencia sexual, de sometimiento, de daño psíquico, físico y de daño. Y siempre niños.

Así, mi trabajo está fundamentalmente enfocado en cada persona y su necesidad de acceder a aquello que merece, sus derechos y sus propios deseos, atravesando los condicionamientos que su niñez o adolescencia le impusieron a partir de un trauma de estas características, que se reproduce a lo largo de la vida si no se lo aborda.

Este libro intenta evitar cualquier terminología técnica que pudiera obstruir una comprensión fluida. La idea es que resulte accesible a cualquiera, tenga o no conocimiento relativo a la temática, la clínica o el psicoanálisis. Así, intento llegar a la mayor cantidad de personas considerando que apunto a formar, acompañar e impulsar a todos aquellos que, directa o indirectamente, necesitan alguna ayuda. En definitiva, este libro intenta ser útil a quien lo necesite de primera mano.

Distintos han sido los pacientes con los que he trabajado, los abusos y los abusadores. Siempre la misma angustia y la misma analista. Por eso la necesidad de compartir algunas de estas experiencias, para que tanto los medios de comunicación como los sitios de formación, los espacios de salud, como la sociedad en su conjunto, dispongan de estas prácticas de trabajo que, por lo general, quedan en el ámbito privado del consultorio, y de este modo aborden y enfrenten con herramientas adecuadas la problemática del abuso sexual contra las infancias.

Desde mi formación como analista, mi trabajo en consultorio, mi participación en la difusión de la temática en los medios de comunicación masivos e incluso desde este libro, intento mejorar la calidad de vida de quienes sufrieron este crimen. Sin embargo, no tengo dudas de que el consultorio es el lugar más contundente de mi trabajo y de la conquista de la satisfacción, que llevo conmigo: el contacto y el trabajo clínico con cada uno de mis pacientes, quienes pudieron confiar, compartir, pedir ayuda y aprender a recibirla: un aprendizaje que ya no se borra, que llevaran consigo. En definitiva, acompañarlos en el ingreso a una vida que les permita ir por sus derechos y donde primen, por sobre todo, sus propios deseos.

Queda mucho por decir, sin duda, pero mi selección apunta a mostrar distintos caminos de salida a la emergencia que presenta la angustia. En otra ocasión abordaré la problemática desde algún otro ángulo. Me gustaría aclarar que en el momento de concluir este trabajo se produjo en nuestro país un cambio en la sociedad, motivado por denuncias públicas de abuso sexual, que generaron un antes y un después en la sociedad; es por eso que es tan importante alzar la voz sobre estos crímenes que tienden a mantenerse en secreto y/o en ámbitos privados. Este tipo de denuncias dan confianza a las víctimas y las animan a romper el silencio, que es fundamental, y a realizar las denuncias judiciales e intrafamiliares. Los casos que comparto fueron anteriores a este cambio, lo que hacía muy dificultoso el acercamiento de las víctimas al poder judicial, con argumentos que en muchos casos aún persisten, debido al lamentablemente fallido funcionamiento de una parte del poder judicial, que aún revictimiza y descree, en esta materia.

Este libro lleva consigo, sobre todo, los vientos de las banderas que mis pacientes llevan hoy por la conquista de una mejor calidad de vida.

Capítulo 1
Blanca
Una familia que no fue

Blanca fue mi paciente durante aproximadamente dos años. Cuando llegó, aparentaba tranquilidad. Aunque más bien podría decirse que ejercía sobre ella misma mucho control. Del mismo modo, un día se fue.

Tenía 30 años en ese entonces y era médica de terapias intensivas de enfermedades terminales. Tenía un gran apego a su trabajo, que parecía lo primordial en su vida. Más tarde entendí que era lo único, quizá, que le ayudaba a ordenarse.

Su profesión era de las que requieren de la capacidad de mantener muy a raya los impulsos propios. Y así se manejaba, como si esto fuera algo posible de ser logrado.

Su tono de voz era bajo, su hablar, claro. Ninguna estridencia y nunca un cambio en su expresividad. Funcionaba como una maquinaria casi perfecta. Del mismo modo relataba sus pensamientos y sus vivencias, en un tono melancólico. No se le veían sonrisas. La sobriedad impregnaba el diálogo. Prolija en extremo, en su cuidado personal delataba rasgos femeninos, desprovistos de gestos de sensualidad. Nuestra comunicación se mantenía dentro de una tensa neutralidad, sin aristas de desbordes.

Blanca comenzó su tratamiento relatando su presente, su trabajo, el lugar donde vivía, su rutina, sus horarios. Todo tenía un tinte de repetición, un ritmo prolijo y algo tedioso.

Desde hacía unos años, Blanca estaba de novia con Mariano, un joven de su edad. Su noviazgo, su ser mujer, sus proyectos, su trabajo en la cercanía diaria con la muerte, todo eso pasaba sin estruendos, según ella me contaba. Y yo notaba que solo pasaba. No aparecían sus emociones ni sus sentimientos. Y yo me preguntaba por qué, qué era lo que mantenía bajo control.

Hasta que un día entendí.

Me contó que sus padres se habían separado cuando ella era muy pequeña y que casi no tenía recuerdos de esa familia estando unida. Luego me comentó que su madre, pasados unos años, formó una nueva pareja y tuvo dos hijos, hermanos menores de Blanca. Hasta aquí, describía personas con buenas intenciones que habían intentado formar una nueva familia. No aparecía ningún tipo de conflicto, todo resultaba ser muy natural para ella. Entonces le pregunté qué la había traído hasta aquí, a esta consulta conmigo.

Hizo un silencio, largo y profundo. Vestía un ambo celeste e impecable, se notaba prolijamente planchado. Su tez blanca, el cabello estirado, siempre recogido, sin nada de maquillaje. Clavó la mirada en sus manos, apoyadas sobre el escritorio y comenzaron a caer lágrimas de sus ojos. Lentamente sacó su pañuelo blanco, que siempre llevaba consigo y, una a una, comenzó a secarse las lágrimas. Sin decir nada de nada.

Yo la miraba seria. Era evidente que mi pregunta la había instalado en otro lado.

Levantó la vista y me miró. "Vivimos bastantes años juntos", me dijo, como si me comunicara alguna tragedia. Y comenzó un relato como si yo no estuviera presente, como si estuviera ella completamente sola.

Esa actitud críptica me llevó a pensar que lo que había detrás sería muy doloroso. Era difícil conseguir que Blanca sintiese que yo estaba allí, presente, mis palabras lo confirmaban.

Irrumpiendo su silencio, le pregunté cómo era esa convivencia.

"Buena. Yo me llevo muy bien con mis hermanos, nos queremos mucho. No nos peleábamos...".

Hasta ahí no entendía entonces el motivo de su angustia, tan muda. Necesité saber por qué lloraba.

Le pregunté acerca de la relación entre su madre y José, el nuevo marido.

—Bien. Se llevaban bien. A veces peleaban un poco, pero se llevaban bien.

—¿Siguen juntos? —pregunté.

—No, mi mamá lo dejó, hace unos años. Yo ahora vivo con ella y mis hermanos. Y quiero mudarme con mi novio en cuanto podamos.

El "podamos" de Blanca sonaba casi como orden interna, una decisión incuestionable, que por supuesto yo sabía que llevaría adelante y cumpliría, como lo había hecho con todo lo demás.

—¿Y qué pasó? ¿Sabés por qué se separaron?

Ante esa pregunta, Blanca comenzó un relato pausado, lento, monocorde. Y sin sacar la vista de su inmaculado pañuelo, contó:

—José era un hombre robusto, de cuarenta y pico de años en ese momento, muy musculoso, tenía mucha fuerza. Muchas veces mi mamá se iba y me dejaba sola con él. Mis hermanos aún no habían nacido. José me llevaba al baño con él. Yo no quería ir, pero iba. Le tenía mucho terror, no me animaba a oponerme, le decía que no quería y me tomaba del brazo y, como quien convence a un niño para que entre a la ducha, me llevaba hablándome de forma controlada pero contundente. Para mí, en esa época, era alguien muy alto, muy fuerte y muy musculoso, lo veía inmenso. Recuerdo que un día se había enojado y pateó el *placard* tan fuerte que lo dejó marcado. Yo le tenía mucho miedo, terror.

En el mismo tono monocorde del inicio, me relató:

—Cuando me quedaba sola con él, casi siempre me obligaba a entrar al baño con él.

—¿Cuántos años convivieron con él? —le pregunté.

—Cinco años —me respondió.

Aquella sesión terminaba y ella parecía no querer hablar más. "Me tengo que ir", dijo. Se levantó en silencio, sin ruidos, sus movimientos eran casi etéreos. Esa intención corpórea que implica que no se los vea, no se los escuche, no se los mire y, fundamentalmente, no se los toque es, de acuerdo con mi experiencia, un tipo de expresividad habitual en los pacientes que fueron abusados en la infancia.

Acompañé a Blanca hasta la puerta, me despedí con un beso y le dije: "La próxima me seguís contando". Se fue sin siquiera mirarme a los ojos.

No sin esfuerzo, yo había conseguido que contara por primera vez a alguien que no era de la familia qué cosas había vivido por esos años, y algo de lo que había sentido. Sin embargo, se fue en una tensa calma y una tristeza infinita. Una tristeza que, sin embargo, era nueva y que además había logrado exteriorizar.

Llegó a la sesión siguiente comentando los cambios de las guardias hospitalarias de esa semana y otras cuestiones acerca de su trabajo.

Le recordé que durante la sesión anterior me había contado lo que había pasado con José, cuando su madre no estaba en la casa. Le pregunté si recordaba qué edad tenía cuando ocurrían esas cosas. "Sí —dijo en el mismo tono monocorde—. Cinco años".

Luego le pregunté desde qué edad vivía con él. "Desde los dos", respondió. En ese momento comenzaron a caer una a una sus lágrimas y se impuso una vez más el silencio. Y entonces ella nuevamente tomó el control, el mecanismo que le servía para vivir.

Su relato era el de una familia de clase media tradicional, enrarecido, en ese decir sin contar, en ese mar de lágrimas mudas. Entendí que ese silencio y esa tensión eran una parte que graficaba sus vivencias repetitivas en ese baño durante esos años eternos.

Ella aún no me contaba qué era lo que pasaba cada vez dentro de ese baño. ¡Era tan difícil compartir ese relato! Recordar era como revivir. Yo le ofrecía la posibilidad de atravesar sus recuerdos conmigo, brindándole confianza desde mi escucha comprometida.

Sin embargo, existen zonas de la experiencia infantil –de la experiencia en general– que son inabordables porque, precisamente, los hechos resultan inefables. No obstante, teníamos con qué trabajar, con lo posible: el vacío, el impacto, el recuerdo, la distorsión severa de las responsabilidades, la culpa.

Pasaron algunas sesiones más en las que compartimos aspectos de su presente. Era evidente que Blanca no quería retomar el tema que tanto la angustiaba.

Hasta que un día encontré el espacio y le pregunté directamente:

—Blanca, ¿qué pasaba en ese baño? —Y en su mismo tono monocorde, como si hablara de la hora o del clima, respondió:

—Me tocaba y me hacía tocarlo.

—¿Qué te tocaba?

—Toda. Y me hacía tocarle los genitales... Y siempre, siempre, hay algo que no recuerdo.

—A qué te referís con algo.

Me clavó la mirada y dijo:

—Recuerdo que me tomaba del brazo y me ponía de espaldas a él... Nunca puedo recordar lo que pasaba.

Era un relato muy doloroso para ambas. No se puede ser psicoanalista y trabajar con los pacientes sin que duela profundamente el dolor del otro. Solo que con ese dolor yo debía y podía hacer algo más que ella; para eso estaba allí convocada. Y eso hice.

Me comentó que su madre dejó a José al enterarse de estos acontecimientos a través de su relato austero.

—Un día le dije a mi mamá: él me toca. Entonces tuvieron un episodio muy fuerte de cuestionamientos, reproches explosivos y una gran pelea. Después ella lo dejó. No hablamos más del tema. Cada uno siguió con su vida.

—A mí me hubiera gustado poder defenderme, pero no pude... —me dijo, culpabilizándose, como en un pedido de ayuda.

—¡Tenías cinco años! —le dije—. No podías. Se lo contaste a tu mamá en cuanto pudiste y ahora estás pidiendo ayuda profesional. Es mucho lo que hiciste.

Como suele suceder, los familiares no acceden al relato completo de la víctima. Hay un pudor que impide que se comparta completamente lo ocurrido. Así, la madre quedó con un tramo de la historia y, según expresó Blanca, con un fuerte sentimiento de culpa. "Mi mamá siempre se sintió culpable de lo que ocurrió".

La culpa aparece así entre los familiares afectados, en contrapartida del abusador quien por lo general no se hace responsable de sus actos, incluso los niega.

Nunca supe, pues ella no lo podía recordar, qué sucedió concretamente en ese baño. Pero siempre entendí lo que le ocurrió a Blanca con respecto a esa experiencia vivida a tan temprana edad. Era aquel lugar del hecho en el cual una parte de ella se ausentaba para tolerar; sus niveles de conciencia y comprensión no tenían cómo interpretar lo que le ocurría, pero los sentimientos de sometimiento y amenaza habían quedado claramente impresos. La angustia quedó bajo control y había llegado el momento de hacer algo con ella.

Hablamos de su sexualidad y me contó que la vivía "bien". También de la larga relación con su novio, de sus proyectos y de sus deseos. Hice un gran hincapié en diferenciar las responsabilidades de los deseos, dándoles a cada uno su lugar.

Extranjera de la comprensión del porqué de la obediencia a la extorsión del adulto que mientras la criaba la sometía sexualmente, fue el desarrollo del control de su angustia lo que la ayudó a seguir, claro que triste, muy triste. Su entorno más cercano naturalizó esa tristeza como parte de su temperamento. Un error, puesto que ningún niño nace triste, silencioso y controlado.

Trabajamos durante bastante tiempo las consecuencias que le había dejado esta historia siniestra. Intentamos esclarecerla, sobre todo para desculpabilizarla a Blanca de lo ocurrido, poniendo las responsabilidades donde correspondía; así, ella podría encarar su vida y su sexualidad haciéndose cargo solo de sus propios deseos.

Finalmente, en el medio del tratamiento, se mudó e inició una convivencia con su novio. Veía a su madre cada quince días, sin grandes estridencias; parecía la vuelta a la rutina de la familia de clase media tradicional. La relación con su madre y con sus hermanos circulaba como si nada de esto hubiera pasado. Era evidente que esa fue la forma que habían encontrado para seguir. Pero para Blanca no era suficiente. Y eso la traía hasta el consultorio.

Lo que en el ámbito clínico llamamos "clínica del horror" es una forma de trabajo que identifica aquello que fue horroroso para un paciente, allí donde no hay palabras. Lo rodeamos e intentamos simbolizar y comprender todo aquello que se pueda. Es bastante habitual que las personas que han sufrido abuso sexual en la infancia no recuerden algún tramo de los hechos; ahí donde, como niños que eran, ya no pudieron sostenerse, no pudieron entender, no pudieron controlar porque el control absoluto lo tomó otro, el abusador.

Los momentos más siniestros de ese acontecimiento no podían ser recordados. Sin comprensión de los actos, desalojada como persona, inhibida de sus derechos, ausente como sujeto de deseo, amedrentada, amenazada, no había registros claros a los que acudir. Sin dudas, el olvido resultó un mecanismo que la auxilió para resistir y seguir con su vida. O, más bien, la dejó con el recuerdo permanente del no recuerdo. El psiquismo humano, y más aún el de un niño, se defiende de lo que es intolerable para sus posibilidades de ser procesado. Y lo que puede es no poder. Y el niño está como ausente.

Ante esa forma de ausencia debemos estar atentos los psicólogos, para evitar que quienes sufrieron abusos sexuales en la infancia no usen, en forma inconsciente, ese mecanismo a lo largo de sus vidas ausentándose de sí mismos, perdiéndose la posibilidad de transitar sus propios deseos.

Me hubiera gustado trabajar mucho más con Blanca, pero hubo un cambio en los horarios de su trabajo. Ese, al menos, fue el argumento por el cual dimos final al tratamiento.

Yo entendí que lo que habíamos transitado en el espacio terapéutico ya había sido mucho para ella. Y así debía tomarlo. Se fue con una paz que no tenía.

Capítulo 2
Juliana
El personaje encantador

Juliana llegó a mí de forma casual. Yo disfrutaba de un evento social y compartía con un grupo de mujeres una conversación amena sobre temáticas diversas. Algunas de ellas, cercanas a los treinta años, eran amigas entre sí y se conocían mucho. Como yo era más bien ajena a ese núcleo, empezaron a indagar sobre mi profesión y mi persona. Les conté que soy psicoanalista y que, entre otras temáticas, atiendo pacientes adultos que han sufrido abusos en la infancia. Las chicas inmediatamente se miraron de un modo cómplice, como sabiendo a qué me refería, y pidieron mis datos por si alguna decidiera en algún momento hacerme una consulta.

Pasó el tiempo y las volví a encontrar en una situación semejante. En esa oportunidad, se me acercó una de ellas, Juliana, y me relató un hecho de su vida en presencia de todas sus amigas. Y finalmente me propuso iniciar un proceso analítico.

Yo ya sabía que Juliana era la menor de dos hermanas: Marisa era tres años mayor. Juliana tenía grandes ojos claros color café que invitaban a ser mirados y un cuerpo de formas muy femeninas –además de alta, esbelta– que llevaba con una notable informalidad.

El relato que expuso durante aquel encuentro social tenía que ver con un abuso sexual sufrido en la infancia. Sin embargo, cuando Juliana llegó al consultorio me explicó que su consulta se debía a lo que le sucedía actualmente con su novio. Le pregunté qué le pasaba y me respondió:

—Me enojo. Me enojo mucho y le pego.

—¿Cómo es "le pego"? —repregunté, para entender.

—Me agarra ira —dijo en el mismo tono, mirándome a los ojos.

—¿Cuándo te agarra ira? ¿Cómo aparece esa ira?

Con un tono monocorde, que fue el que mantuvo durante toda la sesión y también a lo largo de su tratamiento, explicó:

—Cuando algo no me gusta... Una pavada. Por ejemplo... Me pongo muy mal y me enojo con mi novio... ¡Estábamos bien! Veníamos de hacer un viaje y este fin de semana pasó "esto". Por eso te pedí si me podías atender pronto, porque "estuve muy mal".

—¿Cuándo estuviste muy mal? —insistía yo intentando entender de qué tiempos me hablaba.

—Ahora. En estos días. Se lo dije a mi mamá y me llevó a ver a un psiquiatra amigo de ella.

—¿Cuándo fue eso? —Yo insistía con el "cuándo" porque una cierta atemporalidad invadía todo lo que contaba. Había algo relacionado con el tiempo que yo no podía terminar de fijar.

—Fui a ver al psiquiatra amigo de mi mamá, hoy.

—¿Y qué te indicó? —le pregunté, mostrándole mucho interés. Tal vez eso me diera alguna pista para entender más rápido qué era lo que estaba pasando ahora, que es lo que suelo hacer con las indicaciones de colegas, algo que en general acorta los tiempos para hacer un diagnóstico. En este caso, el psiquiatra decía no tener nada que hacer. Me sentía entonces más convocada para trabajar con Juliana.

—Me dijo que yo sabía muy bien lo que me pasaba y que estaba en condiciones de verlo en una terapia y que entonces no tenía sentido medicarme.

Juliana comenzó su relato en forma sistematizada, sin exabruptos, sin cambios de ritmo, parecía un relato muy conocido y controlado, estando ella totalmente desprovista de angustia, como si se tratara de una historia que le era ajena. Nada sorpresivo para mí. Hay historias que dejan enajenado al sujeto de su propia historia, y esta parecía ser una de ellas.

Juliana me fue relatando los hechos, incluso con un cierto hartazgo, como si repitiera de memoria una historia, como si su relato no generara nada, ni en ella ni en mí. Precisamente nada estaba más lejos.

A Juliana, en cambio, la convocaba su violencia. Su necesidad de iniciar el tratamiento surgió de lo que le sucedía con su pareja.

Ella me dijo:

—Yo soy violenta. Cuando me enojo me agarra ira, no sé qué hacer y al final le pego.

—¿Y él qué hace en esos momentos? —le pregunté.

—Me sostiene fuerte, me agarra para calmarme. A veces termina pegándome para que me calme. Termina todo en un desastre, estamos mal... Yo sé que él me quiere, yo también lo quiero...

—¿Por qué creés que te ponés así?

—No sé, mi mamá se separó de mi papá, por violencia.

—¿Le pegaba?

—No. A ella no le pegaba, nos pegaba a nosotras.

Esperé en ese momento la manifestación de alguna emoción, pero no ocurrió. No era eso lo que la angustiaba.

—Una vez ya separados, mi papá formó otra familia y se casó.

Al cabo de un breve silencio, Juliana continuó:

—A toda la familia de mi papá le gusta mucho el fútbol. A mi papá le gusta mucho el fútbol. Uno de los días en el que lo fuimos a ver, mientras él estaba mirando un partido en la televisión, no sé qué era lo que queríamos nosotras, no recuerdo... Lo cierto es que se enojó, se enojó tanto que nos empezó a pegar...

—¿A pegar cómo?

—En un momento se enojó y nos empezó a golpear la cabeza contra la pared... Volvimos sangrando a casa y ese día mi mamá decidió hacerle un juicio para que no nos tocara más...

—Cuando tu papá vivía con ustedes, ¿también les pegaba?

Juliana afirmó. Dijo que sí de un modo muy natural y relajado.

—¿Y de qué modo les pegaba cuando vivían juntos?

—Contra la pared a veces. Y nos dejaba moretones. —Lo decía sin demasiada sorpresa.

—¿Y después del juicio qué pasó?

—Mi papá no podía acercarse a nosotras... No sé muy bien... Era chica.

Fue ahí que, rápidamente y cambiando el tono, pasando por alto la relación con su padre, con otro ritmo e incluso ya con interés en el relato, me dijo:

—Lo que pasó es que, algunos años más tarde, mi mamá conoció a Francisco. Era alguien "encantador". Era obstetra, le llevaba quince años a mi mamá, y nos daba "todo". Yo lo quería un montón. Para mí era como un padre, ya tenía un papá malo y ahora tenía un papá bueno. Estaba encantada con él. Yo era su preferida en todo, así es que me hacía regalos todo el tiempo, me compraba cosas lindas, siempre hablaba bien de mí y yo estaba muy contenta con él.

Fijó la mirada sobre mí y no movió los ojos de allí. Hablaba de Francisco como si me contara algo muy personal, y muy suyo. Apareció ahí un sentimiento de pertenencia. De quién era esa pertenencia, me preguntaba yo. Luego, fui entendiendo.

—Imaginate que todos esos años no vimos a mi papá, tenía una restricción del juez para acercarse a nosotras, no sé bien...

Yo me preguntaba por qué pasados tantos años ella aún no sabía y le faltaba información sobre aquella época. Era evidente que no quiso indagar más. Ella no tuvo tiempo para fijar su atención en la historia familiar transcurrida, que parecía no pertenecerle. No se lo dieron.

Retornando a aquello que sí parecía pertenecerle, insistí para que me contara sobre su relación con Francisco.

Y volvió a decir:

—Yo era la preferida de "todo".

—¿Cómo la preferida "de todo"? No te entiendo —inquirí. Parecía decir que todo lo de ella era preferido...

—No, no, bueno que yo era la preferida... La preferida de todos.

—¿Y por qué? —pregunté.

Y me dio la explicación que ella había conseguido darse.

—Bueno, es que mi hermana no tiene buen carácter, siempre tuvo problemas con todos, incluso ahora de grande, con el novio. En cambio, yo siempre me portaba bien, entonces era la preferida. Francisco estaba en buena posición económica, era "el médico", imaginate, entonces todo lo que él decía "estaba bien". Yo le decía "papá". —Lo dijo cabizbaja y contrariada.

—Y a tu papá, cómo le decías.

—También. Lo que pasaba es que por esos años yo no veía a mi papá por el tema de las restricciones por el juicio, entonces para mí, "mi papá era él" —explicó Juliana, exaltada.

—¿Qué edad tenías en esas épocas?

—Unos cinco.

Me mantuve en un estado de profundo silencio, sumándome al de ella, mientras notaba que Juliana quería explicarme algo de esa historia.

—Cuando yo tenía 17, un día mi hermana le dijo a mi mamá que Francisco la había tocado y mi mamá lo echó. Él se fue a vivir cerca, a unas cuadras. Ellos se seguían viendo. —Y se produjo un silencio—. Lo que pasaba es que nunca "se sabía" del todo si lo que mi hermana decía era cierto, por cómo era ella, que ya te conté. Pero él no venía a casa. Nosotras, mi hermana y yo, no lo veíamos.

Y continuó:

—En realidad, la última vez que lo vi fue luego de lo de mi hermana. Después de que mi mamá lo echara, por lo que ella le contó, Francisco me citó en un bar y me dijo de buenos modos que mejor no le digamos nada a mi mamá, porque ella se podía poner peor. Y yo siempre pensaba en mi mamá.

—¿Por qué vos siempre pensabas en tu mamá? —inquirí.

Aparecía aquí el móvil de la extorsión, un tercero querido a quien cuidar, un tercero mayor que el niño "debe" proteger con "el silencio". Y luego las tan mentadas trágicas consecuencias.

Juliana me explicó que tiempo después de que su hermana hiciera esa confesión, a la madre le diagnosticaron cáncer de mama, una enfermedad que logró atravesar.

Estas son las ocasiones, en las historias de los pacientes, en las que me impresiona la cantidad de madres a las que, al sentirse falladas como "mamás", les falla la "mama", enfermando la mama... Será tema de otro debate.

Entonces Juliana retomó, enfática:

—Yo no quería que mi mamá empeorara. "Siempre" pensaba que se podía poner mal. Yo nunca había contado nada de lo que había vivido hasta que a los 19 comencé a salir con un chico, y la pasaba re mal, sexualmente la pasaba re mal... Ahí decidí decirle a mi mamá. Pensé que tenía que contarle. Le conté y a la vez le escribí una carta a él, a Francisco, describiendo lo que me había hecho desde los 5 a los 17 años y se la di a mi mamá para que se la llevara. —Juliana detuvo su relato, como si ya no hubiera nada para contar.

—¿Qué te había hecho? —pregunté, con la intención de ayudarla para que continúe contando.

—Todos esos años abusó sexualmente de mí. Imaginate que para mí estaba todo bien, él era un médico, muy reconocido, ya había criado a tres hijas en su primer matrimonio, trabajaba en un lugar importante, nos trataba a todos muy bien. Entonces yo creía que lo que hacía conmigo estaría bien.

Me miró con sus inmensos ojos color café y, sin mediar sentimientos, siguió diciendo de modo monocorde:

—Sexo oral. Me tocaba. Al principio, me hacía cosas que me gustaban... Siempre me tocaba los pechos, encima soy muy tetona —aclaró Juliana, como si algún rasgo físico propio pudiera justificar semejante avasallamiento, una fantasía que provenía de su sentimiento de culpa—. Era para mí como algo distinto... Pero yo no sabía lo que pasaba. Después me fui dando cuenta de todo lo que pasaba...

—¿De qué te diste cuenta? —pregunté.

— De que "siempre era algo en secreto". Él me decía que era algo "entre él y yo", porque yo era "su preferida".

Juliana me contó que dormía en la cama superior de una cama marinera, y que un breve pasillo separaba su habitación de la de su madre y su pareja.

—Yo ponía en hilera mis ositos, en el borde de la cama, en hilera para que me protegieran de él, para que él no viniera por la noche. Y cuando él llegaba me hacía la dormida, para que Francisco no me tocara.

Ella me contó que casi todas las noches Francisco se levantaba para abusarla.

—Yo guardaba la esperanza de que, si algún osito quedaba movido, mi mamá o alguien se daría cuenta de que este hombre me molestaba.

Lo que nunca, obviamente, sucedió. Los ositos no aprendieron a hablar y su familia no supo ver ni escuchar, y por algún motivo no pudo percibir que algo estaba muy mal allí.

—Así sucedió... desde los cinco hasta casi los 17 años.

—¿Qué hizo tu mamá cuando le contaste esto y le diste la carta?

—Se puso re mal y fue a hablar con él.

—¿Qué esperabas vos que pasara al enviarle esa carta?

—Yo quería que él reconociera todo lo que me hizo.

—Y qué pasó, entonces.

—¡Lo reconoció!

—¿Y tu mamá?

—Mi mamá quiso hacerle un juicio, consultó a los abogados que ya habían llevado adelante el juicio contra mi papá y le recomendaron que no lo hiciera.

—¿Y qué hizo?

—No lo hizo.

—¿Y "todo" quedó así?

—Y sí... Yo no lo vi nunca más.

Esta fue la primera entrevista. Ella seguía el relato de un modo muy controlado, hasta que finalizó la sesión.

En las siguientes sesiones, Juliana solo se angustiaba al hablar de cosas que afectaban su presente, como la violencia que atravesaba su relación de pareja. Se cuestionaba entre lágrimas, muy acongojada, las ganas de golpear a su novio ante una situación que le provocaba celos desmedidos. La ira, el descontrol y los golpes eran la forma que ella encontraba para enfrentarse con su miedo a perderlo, sentía que él le pertenecía, que era algo de "ella". Era evidente que no disponía de los recursos psíquicos necesarios para evitar semejante reacción. Su miedo siempre convocaba lo único que tenía para contrarrestarlo: la ira.

Luego de estos episodios de angustia y golpes mutuos, aparecía siempre en ella, como un fantasma implacable, el miedo de ser abandonada por lo que ella le había hecho a su pareja. Yo me preguntaba si esta no era una escena invertida a la del abuso, donde la responsable pasaba a ser ella, teniendo la posibilidad, ahora sí, de expresar una ira contenida por años y que obviamente era imposible que la tramitara con Francisco, su abusador. Esta secuencia se repetía en todas las relaciones de pareja que había tenido y entonces, indefectiblemente, volvía a quedarse sola. Era una escena temida, no elaborada, entonces se repetía pivotando sobre un sentimiento de culpa.

Juliana había transitado distintas "terapias breves". Entre ellas había intentado un tratamiento con el psiquiatra de su madre, algo que no es recomendable habiendo otras opciones. Lo cierto es que casi todo estaba facilitado a través de su madre, lo que la ayudaba solo en parte e incluso sin haberlo buscado, abriendo el camino hacia una amenaza de destrucción. Ahora quería "algo más profundo", decía, y ella sabía que yo era psicoanalista.

La sesión siguiente volvió maquillada, pero golpeada, con una cantidad de moretones y marcas importantes en su cuerpo. Le dije que tenía que hacer una denuncia policial, que estaba en riesgo. También la derivé a una consulta psiquiátrica, por la necesidad de contar con una medicación que disminuyera su nivel de impulsividad, intentando mantener bajo un cierto cauce esa ira que se desataba y ponía en riesgo no solo a ella misma sino también al novio, a nosotros los profesionales que la atendíamos, muy comprometidos, y a todo lo que estuviera cerca de esa situación. Estos episodios, incluso, sucedían dentro del coche mientras él conducía, poniendo en peligro a transeúntes y automóviles. En una ocasión rompieron los vidrios de su casa. Todos teníamos la sensación permanente de que alguien podía morir a raíz de esos niveles de violencia.

Todavía hoy, Juliana tiene que lidiar con el descontrol que le genera la angustia y que siempre se manifiesta como ira. Nunca recuerda qué pasa durante sus explosiones y tampoco puede manifestar el enojo. Es incapaz de confiar en su novio, supone que cualquier mujer podría interesarle. Esta idea recurrente es el disparador de reiteradas violencias entre ellos. En definitiva, no puede confiar en el amor del otro.

Por supuesto, como es de esperar, su vida sexual es pobre, no puede disfrutar plenamente, y lo que ha conquistado en el campo del disfrute ha sido el resultado de muchas relaciones fracasadas, con excesos de todo tipo.

La mamá de Juliana continúa en contacto con Francisco por temas médicos, solicitándole favores por cuestiones ligadas a su frágil salud. La relación de Juliana con su "papá malo" encontró una regularidad sin grandes estridencias ni expectativas.

Yo pensaba en los abogados y sus consejos profesionales, y en el médico "encantador" que ejercía su profesión con pacientes mujeres. Pensaba en las nietas de Francisco, puesto que sus propias hijas, al no conocer esta historia, no podrían protegerlas.

Si bien la belleza de Juliana parecía a simple vista un "privilegio", le trajo más de un problema que no detallaré aquí, dado que las modalidades defensivas ante los acosos y los abusos corrientes que podría sufrir cualquier mujer llamativamente bella en la vida adulta estaban devastadas desde su infancia. Pero la condena mayor fue la de ser una niña privilegiada para ese abusador "encantador", puesto que ella no podía defenderse ni comprender, simplemente por ser niña. Entonces, la belleza era casi un padecimiento y, lejos de darle seguridad, la debilitaba.

En algún momento se dedicó al modelaje y como no soportó la exposición buscó un camino vinculado a la belleza, pero detrás de escena. Sin sus "osos" que la defendieran. La belleza, finalmente, era un lugar de vulnerabilidad.

Cuanto más bellas se saben las personas abusadas, mayor es su sentimiento de culpabilidad. Lejos de ser disfrutada su belleza, esta las esclaviza, conduciéndolas a la culpa, obligándolas a taparse, sintiéndose partícipes perversas de un atractivo que no eligieron, que no gobiernan y que las somete a las miradas de los otros, miradas que ellas viven como si detrás hubiera intenciones oscuras, perversas, aun cuando no lo son. Al sentirse deseadas, destinan gran parte de sus esfuerzos en ver cómo se las arreglan con eso. Así, les resulta difícil encontrarse con sus propios deseos y disfrutarlos. Y parecen requerir de otra vida para eso.

Juliana era una paciente que, yo sabía muy bien, estaba en riesgo permanente, por los golpes que daba y recibía. La ira era un tema que invadía y urgía en su tratamiento. Tanto enojo sin elaboración era lo que impulsaba mi trabajo.

Francisco, el médico prestigioso, como ya dije, tenía hijas y nietas. Yo pensaba en ese "hombre encantador", el "padre bueno", exitoso, reconocido, el que hace las "buenas cosas" y que, como un encantador de serpientes, hacía que todas las mujeres que lo rodeaban danzaran a su paso.

Un día, después de un buen tiempo de trabajar juntas sobre el riesgo, la violencia y los enojos, le pregunté a Juliana, antes de retirarse de la sesión, si ella sabía si Francisco había abusado de sus propias hijas.

Fue el único momento del tratamiento en el que se quedó muy sorprendida. Parecía no habérselo preguntado jamás.

—No sé, nunca lo había pensado —me respondió inmediatamente. Se quedó en silencio unos instantes y, cabizbaja, agregó— Pero tiene nietas...

Entonces, pensando en esas niñas, le pregunté si ellas, las hijas de Francisco sabían lo que le había hecho a ella, a Juliana.

—Creo que no —respondió—. En general las veíamos poco. Y después yo no las vi nunca más.

Juliana por primera vez quedó suspendida en su pensamiento y muda.

El tratamiento siguió con sus avatares, pero para Juliana ya estaba claro que ese "hombre encantador" aún era un riesgo para otras niñas. Ahora sí teníamos la posibilidad de hacer algo más con eso, algo distinto a la ira, algo que trascendiera los secretos madre e hija: una condena social y judicial. Y para esto hacía falta trabajar.

Capítulo 3
Carolina
Un recuerdo impensado

Cuando Carolina llegó a la consulta, tenía más de treinta años y llevaba adelante una sólida relación de pareja con una joven mujer de su edad. Había tenido una relación previa con un varón, que no había resultado del todo satisfactoria.

El motivo de la consulta era la sensación de descontrol que sentía frente a su madre enferma.

—¡La mataría con mis propias manos! —dijo en la primera entrevista.

Me pregunté de dónde salía tanto odio y por qué Carolina había llegado a sus propios límites de tolerancia.

—Mi mamá está prácticamente sorda hace muchos años y está en un estadio avanzado de una enfermedad crónica. La cuidamos mi hermano y yo. Antes nos turnábamos, un tiempo vivía con él y otro conmigo. Ahora está solo en mi casa porque la podemos atender mejor.

—¿Quiénes? —pregunté.

—Candelaria, que es mi pareja, y yo.

—¿Tu papá?

—A mi papá no lo vemos hace años, estamos enojados con él. No quiero saber nada con él. Mi hermano lo ve cada tanto por temas de trabajo, pero yo no. Él tiene otra familia. Tengo varios hermanos más, pero hace años que no los veo.

—¿Y por qué te parece que sentís esto con tu mamá ahora? —pregunté, con la esperanza de que su respuesta pudiera aclararme el panorama. Sin embargo, como habitualmente sucede en estos casos, no fue posible y hubo que trabajar mucho después.

—No sé por qué me pasa esto, yo amo a mi mamá. —Lo dijo muy preocupada.

Carolina era una persona muy seria, de pocas palabras, pero precisa. No demostraba fácilmente sus emociones, pero estaba plantada ahí, con un fuerte pedido de ayuda.

—Me traje a mi mamá a mi casa. Yo vivo con Candelaria hace años, la cuidamos las dos por igual. Mi mamá no sabe que ella es mi pareja... Bah, nunca se lo dije. Candelaria nunca protesta por cuidarla, por eso yo aprecio mucho su actitud.

La relación con su pareja parecía atravesada por una profunda gratitud y un respeto casi extremo.

Había una fuerte contradicción entre el enojo y la rabia incontrolables que le producía su madre enferma y el amor entrañable que sentía por ella y los cuidados que día a día le procuraba.

Lo cierto es que su mamá había entrado ya en una etapa crítica de sufrimiento, en una franca decadencia, por lo que requería de mucha atención, paciencia, un profundo compromiso.

La enfermedad de la madre y la necesidad de atenderla con tanta entrega estaban llevando a Carolina por el tránsito de sus más oscuros sentimientos, que eran a su vez inconexos y desordenados y no coincidían con su inmenso sentido de la responsabilidad y el compromiso hacia su madre.

Comenzamos a avanzar en el tratamiento en busca de una respuesta a esta pregunta, ante la cual ambas estábamos en blanco. Y especialmente yo, que no disponía aún de elementos.

Mientras Carolina oscilaba entre ese odio destructivo y el amor hacia su madre, trabajaba con Candelaria en sociedad en un taller, en un trabajo habitualmente destinado a los hombres. Ella aplicaba, en menor escala, las técnicas que su papá desarrollaba en un gran emprendimiento.

—Cuando te enfrentás con algún problema en el trabajo, ¿no surge en vos la necesidad de consultarle algo de eso a tu padre? —le pregunté, con la intención de indagar un poco más en esa relación.

—No. Para nada —respondió, escueta.

—¿Por qué?

—No quiero ver a mi padre. Él se portó muy mal con nosotros, en particular conmigo. Yo era la preferida. No me interesa.

Su respuesta fue contundente.

A lo largo del tratamiento fuimos avanzando en la relación con su padre y en su alejamiento masivo, no solo de él sino de la nueva familia que había conformado. Pero en ese momento no parecía ser un tema relevante para ella. Hacía más de diez años que no se veían ni hablaban.

Carolina concurría a las sesiones con mucho compromiso, como lo hacía con casi todo. Mucho rigor y poca satisfacción eran una constante en su vida. A veces venía con dolores en el cuerpo por cargar peso: hacían con su pareja un trabajo manual y pesado. Estaban muy bien calificadas en el mercado laboral, por lo que con frecuencia les encargaban trabajos cada vez de mayor complejidad y ellas tomaban ese desafío.

Las preocupaciones centrales que ella traía a su terapia eran sus "ganas" de matar a la madre, que finalmente pudo explicar que era "para no verla sufrir más", y su terrible dificultad para disfrutar de su sexualidad, tanto con hombres como con mujeres.

A esa altura del tratamiento, lo cierto era que Carolina sufría.

Por lo tanto, intenté indagar delicadamente lo que ocurría en relación con su sexualidad.

—Cuando logro un contacto físico con Candelaria, o con quien sea, todo va bien hasta que en un momento me pongo muy mal.

—¿En qué momento te parece que te pasa esto?

—Cuando entro en contacto con cierta zona del cuerpo me pongo muy mal y muy hostil. Y me da mucha bronca.

Bronca. Pero bronca con qué, me preguntaba yo. La bronca tiene siempre un objeto, es decir un algo o alguien que la provoca. Un recuerdo, tal vez.

—¿Qué cosa te da bronca? —le pregunté.

—¡"Eso", que siempre me pase "eso"! ¡Siempre me pasa lo mismo! —dijo con una seriedad que contenía mucho odio.

Supe que había algo traumático que insistía en volver. Sin duda, una bronca que no había sido tramitada en forma alguna e invadía su vida sexual. Algo a lo que me debía dedicar.

—Me cuesta tener ganas de tener relaciones, pero cuando las tengo con Candelaria las disfruto. Pienso durante "todo el día", que ese día voy a tener relaciones, y va todo bien hasta que llega "ese" momento en el que empiezo a pasarla muy mal. Ella se da cuenta. Pero yo intento seguir, igual me pongo tensa, me "desconcentro" y eso es una cagada.

Se "desconcentraba". Y dónde se centraba, me preguntaba yo.

—¿Podés identificar qué es lo que pasa en ese momento que te pone así, tan mal?

—No sé. No me doy cuenta.

Me respondía lo mismo en todas las sesiones, en el momento en que llegábamos siempre al mismo lugar. Era una escena indescifrable para ella.

Un día, pasado un tiempo, llegó al consultorio, se sentó y me dijo:

—Sí, puedo identificar qué pasa. —Lo dijo muy seria y con los ojos rojos de contener las lágrimas desbordantes, para no llorar, que era lo que hacía la mayor parte del tiempo: contener, aguantar, intentar, y siempre con un gran enojo.

Habló con un tono bajo, casi imperceptible, suave y precisa.

—Cuando estoy en la cama y alguien me toca la zona genital, puedo recordar el dedo de mi abuelastro, ahí. Era el marido de mi abuela.

Un profundo silencio invadió el consultorio. Sentí la intensidad de los gritos del silencio. Para una analista mujer es imposible abstraerse de la sensación de esta niña, con el "viejo perverso" —así lo llamó ella luego de su relato— que hacía de abuelo.

—¿Qué recordás de eso? —le pregunté.

—Yo tenía aproximadamente cinco años. Mi abuela era viuda y se había vuelto a casar con un tipo al que yo "le tengo un gran asco". Mi mamá me mandaba mucho a jugar a la casa de mi abuela, donde estaba "él". Tengo imágenes vagas... No recuerdo cómo... Yo me bañaba en un baño que estaba un poco aislado de la casa y muchas veces este tipo entraba y "no recuerdo cómo", pero me acuerdo de que me tocaba.

Se detuvo mientras miraba sus manos entrelazadas, inmóviles. Me miró como para verificar si yo estaba ahí. Luego regresó a sus manos y continuó con el relato.

—Nunca me animé a decir nada. No entendía lo que pasaba y además le tenía mucho miedo, era muy grandote y me daba "mucho asco". Era chica... No sé... Pero me parece que pensaba que me podían retar...

Por "eso". No entendía bien qué pasaba, pero sabía que algo de "eso" estaba mal.

Yo tomaba nota para no perderme alguno de sus dichos que serían relevantes para mi trabajo. "Algo de eso estaba mal".

La perversión del contenido de ese recuerdo y la aparición de los síntomas es algo ante lo que un analista está convocado a trabajar.

Durante bastante tiempo recabé datos de su infancia y de cómo se había llegado a eso en esa casa y en esa familia. Me explicó que la abuela era una persona muy exigente, que nada le parecía suficiente, ningún esfuerzo de Carolina la contentaba plenamente. Sin embargo, a ella le gustaba ir a esa casa, porque había un jardín donde podía jugar y que hasta más grandecita su juego preferido había sido treparse a los árboles de ese jardín. Carolina mantenía una idea obsesiva de poseer una fortaleza física capaz de dañar a alguien.

Además, tenía un sueño recurrente:

—Sueño que corro a un hombre con un palo para alcanzarlo y pegarle, estoy muy enojada y nunca lo alcanzo.

—¿Con qué lo asociás? —le pregunté.

—Yo pensaba que si lo alcanzaba podría lastimarlo.

—¿Por qué?

—Porque pienso que soy muy fuerte.

A lo largo de los años, he notado este contraste: las personas que han sido abusadas durante su niñez, en su vida adulta se piensan extremadamente fuertes físicamente, como si hubiera una negación de su vulnerabilidad ya vulnerada. Una forma que encuentra el psiquismo, que ayuda a sobrevivir ante tanta indefensión de la infancia.

Esto a Carolina le trajo sus consecuencias. De hecho, su abuela la retaba permanentemente por lo que llamaba su "brutalidad". Lo que tomó un tinte dramático, ya que un día, jugando en el jardín Carolina le tiró una piedra a su hermano con tan mala fortuna que le dio en un ojo y así perdió la vista. Esto no solo mortificó profundamente a Carolina, sino que acrecentó su culpa. Y entonces, a partir de ese día dejó de jugar. Era notable cómo en su vida adulta ya nada era un juego. Fuerte, capaz de lastimar a otro o "como una bruta", quedó así identificada a esa imagen de sí misma. Entonces dejó de jugar. Y casi todo era vivido con mucha seriedad, abandonando la posibilidad propia de divertirse con el jugar y así, más tarde, con el vivir.

El hermano y la madre compartían una misma enfermedad hereditaria. Ambos eran muy frágiles en su estructura ósea. Carolina decía que eran débiles. No solo se sentía culpable de que su hermano hubiera perdido la visión, sino también de ser sana. Entendí entonces por qué su fuerza era así: "demasiada". Ser "sano" era demasiado.

Todo el tiempo Carolina transmitía la imagen que tenía de sí misma como alguien extremadamente fuerte, y que esto era algo muy negativo. Lo opuesto a su madre y su hermano, con la enfermedad que los hacía muy frágiles. Entonces, la culpa aparecía cada vez que intentaba defenderse ante algo que la enojaba. Y así tenía sueños recurrentes donde, siempre, ella aparecía como alguien "que podía lastimar" y nunca lo hacía. Defenderse parecía una acción obstaculizada por varias distorsiones y, finalmente, imposible de concretarse.

La terapia le iba habilitando esas posibilidades, pero siempre aparecían los intentos de modos fallidos.

En las distintas sesiones ahondamos en esa sensación, que volvía y volvía en el momento de tener un encuentro sexual.

—Aún hoy recuerdo la sensación de su uña al penetrarme. —Lo dijo así.

Ese recuerdo aparecía, como una sensación vívida, en el momento de las relaciones sexuales de Carolina. El encuentro con el otro la "desconcentraba", la descentraba del placer, trayendo sensaciones del pasado que permanecían intactas.

Del abuso quedó esta "huella" mnémica, esta marca en el cuerpo, la "sensación de la uña"; el afecto que acompañaba esa huella era el dolor que la niña sentía cuando se provocaba el rasguño producto de la penetración de un dedo en su vagina.

Pensé que seguramente sería el dolor mismo lo que impidió que olvidara.

El dolor físico es identificable cuando se es niño y esto le impidió olvidar. El resto de la experiencia del abuso sexual sufrido en la infancia estaba difuso; en cambio, esa "sensación de la uña" retornaba ante cada encuentro sexual y se activaba cada vez que había contacto genital, como una escena de terror.

La imposibilidad de "entender" lo que ocurría le impidió, como a todo niño, otorgarle un sentido que fuera comprensible para su corta edad. El dolor en su vagina, la "uña", testigo y denunciante de otro dolor, el del avasallamiento, el de ser tratada como a un objeto, sería aún más inexplicable para ella.

Lo que resta del recuerdo quedó bajo una nebulosa.

Nuestro trabajo conjunto fue arduo, en climas de mucha tensión. No es raro que la tensión que aparece en la transferencia con el analista reproduzca esa tensión misma producida durante las situaciones de abuso.

Ella decía:

—Siento "fiaca" de tener relaciones sexuales con Candela, es una sensación que me impide avanzar.

Era un tratamiento intenso en el que se pudo elaborar esa sensación de "fiaca" que le impedía desear y movilizarse para tener un contacto sexual en sus relaciones amorosas.

Interpreté la fiaca como la "apatía" casi imprescindible que la ayudó a transitar los años de abusos. Un sujeto que se siente apático se exime de sentir. Y esto estaba muy claramente justificado, porque lo que había para sentir era horrible. Pero ya no.

La figura de su abuela había quedado como alguien a "quien nada la conformaba". Esa abuela que quedó para Carolina como alguien imposible de satisfacer, de un rigor extremo, la misma que de algún modo señaló su "brutalidad", instaurando una culpa que duró años respecto de sus lazos familiares. Justo ella, esa abuela que no supo, no pudo ver lo que estaba haciendo su marido con su pequeña nieta. Alguien que la miraba sin ver, que la trataba sin sentir lo que su nieta sentía. Seguramente, una falla en la empatía.

Ese hombre, el abuelastro, quedó destinado al lugar del odio y del desprecio para Carolina, "El viejo perverso que me da mucho asco", decía mecánicamente cada vez que hablábamos de él.

Conseguimos activar el odio que sentía por este hombre y la bronca por la vivencia de estos abusos a lo largo del tratamiento.

Alcanzar en sus sueños al hombre que perseguía recurrentemente y defenderse era un deseo que insistía, respecto de un hombre que ya no estaba. ¿No estaba? Sesión tras sesión intentamos desalojarlo del presente de Carolina y ubicarlo allá donde estaba, en la historia, en su infancia.

"En mi familia todos tenían algo más grave que yo, en cambio yo era la niña sana y fuerte", repetía Carolina, haciendo alusión a las enfermedades de la madre y del hermano. Le dije que después de padecer abuso sexual, hay un padecimiento que permanece y aunque es un daño difícil de cuantificar, se ha perdido algo de la salud que se tenía. Poder identificarse como alguien que sufre y que ha resultado dañada pareció ir borrando esa idea anclada en un sentimiento de culpa, de que la familia estaba siempre "más grave que ella". Allí empezaron a caer la autosuficiencia y el rigor, para empezar a dar lugar al otro, al juego, al deseo y, finalmente, al placer.

Esta forma de pensar a su familia la llevó a invisibilizar su dolor, a callar durante años aquellos hechos que no podía comprender, a la compulsión de "cuidar" tanto a su hermano como a su madre, que es distinto del deseo de cuidarlos.

Es bastante habitual en los niños abusados, y es algo que perdura en la vida adulta, que sean grandes cuidadores de los seres que los rodean, incluso en perjuicio propio.

No poder disfrutar la sexualidad en los vínculos amorosos es un padecimiento que grita en el silencio de los "sordos". Yo tenía que escuchar, para que ella pudiera oír algo de lo que decía. Y así fue.

La incapacidad de una niña para defenderse de un hombre adulto que la atacaba sistemáticamente, su imposibilidad de pegarle y su bronca tan justificada se volvían contra sí misma en forma de culpa por ser la más sana y fuerte, "a diferencia de su familia". Este cambio de objeto, direccionado hacia sí misma, la dejó por años en una inacción permanente, apática, cargando con la "fiaca", insatisfecha. Siempre pensé que la apatía respecto del deseo la preservaba de la bronca de lo vivido, que aparecía justo ahí, en el momento de desear.

Carolina, ya pasado un tiempo de tratamiento, pudo apropiarse de su erotismo, de su cuerpo, de su genitalidad, que claramente no le habían pertenecido por varios años, los del abuso y los siguientes, para acceder a una sexualidad adulta y libre.

Estas vivencias le asignan a nuestra sexualidad, que nos pertenece, otro dueño. El trabajo que debe hacer el paciente adulto que ha sufrido abuso en su infancia es el de desalojar a ese profanador de la sexualidad, para rehabilitar y readueñarse de lo propio.

Al identificar el deseo como propio, singular, desaparece la "fiaca" y se insiste en el desear: es un encuentro con el Eros, lo que nos ubica del lado de la vida.

Su madre, finalmente, falleció en su casa. La enterraron ella, Candelaria y el hermano. Carolina no quiso avisarle a su padre en ese momento. Sus enojos eran muy serios, no olvidaba ni perdonaba el abandono.

Ella percibió que la relación con Candelaria se había convertido en una amistad y ya no estaba dispuesta a resignar su deseo. Sin embargo, aunque ya no eran pareja, ambas cuidaron por un largo tiempo a la madre de Candelaria, quien también había enfermado.

Finalmente, Carolina conoció a alguien y estableció una relación de pareja entramada en el compañerismo, pero también en la pasión. Cada tanto me escribe. Fue muy gratificante para mí haberla ayudado a recuperar aquello que le pertenecía: su sexualidad, su deseo y su libertad.

Capítulo 4
Nadia
Hacer justicia

Nadia, como otras pacientes a las que vengo escuchando desde hace años, me relataba su historia de un modo monocorde. Pero, a diferencia de las demás, en ella había un gran deseo de justicia y de hacerla por sus propios medios. Esta actitud, en mi experiencia, era novedosa.

Esta paciente venía de una derivación. Había sido atendida por un colega y ella había pedido un cambio de terapeuta. Yo ya conocía el motivo de su consulta, mi colega me lo había transmitido. Me interesaba saber qué le faltaba descubrir aún, eso que la llevaba a iniciar un nuevo tratamiento.

Cuando Nadia llegó a la primera entrevista, le adelanté que yo estaba al tanto de algunas cosas. Pero le pedí que me contara las razones de su consulta puesto que era importante para mí escucharlas expresadas por ella. Y comenzó entonces a relatar hechos sin duda de un alto impacto, pero en un tono que no se correspondía, por su falta de emotividad respecto de lo narrado.

Recuerdo que por esos días, por distintos motivos, tuve una reunión con padres y maestras en un jardín de infantes y en un momento compartí con ellos, con un fin preventivo, algunos datos que podrían revelar una situación de abuso en un niño. Y alerté acerca de las dificultades que implica detectarlos. Todos los padres y madres presentes comentaron que revisaban a sus hijos e hijas, les miraban los genitales al bañarlos, evaluaban su estado físico, repasaban su ropa interior. Hay abusos que no dejan marcas visibles en el cuerpo o en la ropa, y es necesario ver al niño en forma integral para percibir que algo malo le está pasando. Ya veremos por qué.

Nadia era hija de un matrimonio que había tenido tres hijos, dos mujeres y un varón. En el momento en el que llegó a la consulta, ya hacía cinco años que Nadia no veía ni hablaba con su madre, ni ella ni el resto de la familia que había conformado. Por lo tanto, su madre no conocía al último nieto, el tercer hijo de Nadia. "Yo no quiero que lo conozca. No quiero 'nada' de '*esa mujer*'. Hace años que no la veo. ¡Y no la quiero ver! Cambié el número de teléfono de mi casa, el número de mi celular, y ella no puede ubicarme ahora. ¡Mejor!".

Todo lo decía muy, muy enojada y firme.

—Tampoco tengo trato con el resto de mi familia, no hablo ni veo a nadie. No tengo nada en contra de mis hermanos, pero ya me pasó que cuando hablaba con mi hermana, mi mamá luego se enteraba de todo. No quiero que *esa mujer* sepa nada de mí ni de mis hijos.

Le pregunté por qué tenía esa actitud con su familia.

—Yo ya tengo mi familia. No quiero saber nada. En particular con mi mamá y si para eso tengo que dejar de hablar con el resto, pues no hablo más. Mi mamá se mete en todo, *no me escucha*, hace lo que quiere. Siempre hizo lo que quiso.

Le pedí que me contara algo de su historia, y le aclaré que para mí era muy importante escucharla desde su voz, aunque yo ya estuviera al tanto de algunos de los hechos ocurridos en su vida.

—Cuando era chica, como cualquier chico, me quedaba en la casa de mi tía, la hermana melliza de mi mamá, que tenía dos hijos, mis primos. Incluso recuerdo que cuando nació mi prima mayor yo iba a verla y *mi mamá me dejaba* allí de visita. Muchas veces mi tía no estaba y estaba el papá de mis primos, o sea "mi tío", cuidando a mi prima que era una bebé.

—¿Cuántos años tenías? —pregunté.

—Seis. Y lo sé por la edad de mi prima.

—¿Y qué pasaba?

—Mientras la bebé dormía, mi tío sacaba su... lo que ya sabés, y me lo ponía en la boca.

—¿A qué te referís exactamente?

—Su "pija". Me la ponía en la boca y me la hacía chupar.

Al terminar de contar este hecho, se puso muy mal, muy enojada y seria, al punto de entrar en un cierto estado de desconexión con el presente.

—Imaginate... Era mi tío, estábamos cuidando a la bebé. A mí me dejaban seguido con él cuando mi tía no estaba. Él me *regalaba* juguetes, caramelos, jugaba conmigo, y me decía que esto "*era un juego que hacíamos*". Para mí era todo nuevo, eso también, yo no entendía qué estaba pasando, no sabía.

Se produjo un silencio y retomó el relato.

—Siempre que estaba con él y no había ningún grande, él hacía esto. Y hoy estoy "así" por "eso". ¡Por su culpa! Tengo una familia... ¡pero no la puedo disfrutar! Yo me pregunto por qué alguien "tiene" que vivir todo esto y nadie lo defiende. ¿Por qué yo, ahora, tengo que estar así? Mal.

Se detuvo, intensamente enojada.

—Yo fui tremenda. Después, *cuando era adolescente hacía lo que quería*, no hacía caso a nadie. Me iba al club, patinaba, tenía muchos amigos allá.

Intentaba en vano buscar alguna relación entre esta adolescente y los hechos que había padecido en la infancia.

—Un día, cuando tenía seis años, no aguanté más y le conté a mi mamá lo que me había pasado. ¡Quería que me defendiera!

—¿Y qué hizo tu mamá?

—¡Nada! Encendió velas, les habló a los ángeles. Ella cree mucho en esas cosas. Pero no hizo "nada". Yo quería que me creyera, que saliera a defenderme, que lo metiera preso. ¡Pero nada!

—¿Y tu papá?

—Papá hace lo que le dice mi mamá. Yo no me llevo mal con mi papá, pero es de poco carácter. Igual, a él se lo contó mi mamá.

Y continuó el relato.

—A mí me costó mucho contárselo a mi mamá, pensé que si se lo contaba alguna vez a alguien, era a ella a quien se lo debía contar, "porque era mi mamá", y estaba segura de que me iba a entender, que se pondría de mi lado, que lo iba a querer matar, que me iba a ayudar a estar mejor, a curarme de todo lo que este hombre me había hecho. ¡Pero no! Nada que ver. Más que decirle algunas cosas una vez... A mí no me habló más del tema y me dijo que siguiera con mi vida.

Yo estaba re mal. Pasaron los años, conseguí trabajo en una fábrica, como administrativa. Trabajé poco tiempo, hasta que empecé a salir con Emanuel, mi marido, que era el hijo del dueño de la fábrica. Un día el hermano me echó. Pero nosotros nos pusimos de novios y dos años más tarde nos casamos. Yo todavía hablaba con mi mamá y veía a mi familia.

Hizo silencio y, con un cambio de tono, dijo:

—Cada vez quise verla menos...

Y continuó:

—Cuando nació mi segundo hijo, vinieron a verme al sanatorio una prima segunda, hija de la prima de mi mamá, y mi tía. Mi prima me lleva ocho años. Ella, como todos los demás, sabía lo que a mí me había pasado. Y en ese momento me hizo una confesión: "Te quiero decir que a mí me pasó lo mismo, eso que te hizo a vos también me lo hizo a mí, cuando era chica". Yo me estremecí, de furia por ella, y me dije "ahora sí, algo le tiene que pasar a este hijo de puta". Cuando la vi a mi mamá se lo conté. Mi tía y él ya se habían separado.

—¿Sabés por qué se separaron?

—No sé bien. Pero esta historia hizo que todo se pusiera mal en la familia. Él se tuvo que ir a vivir a un hotel. Encima, ahora, hace dos semanas, antes de comenzar la terapia con vos, un día me llamó él para pedirme perdón. ¡Peor me puse! Estoy muy mal... ¡No soporto escuchar a ese hijo de puta!

—¿Qué le dijiste?

—Le dije que si quería pedirme perdón que fuera a la comisaría y se entregue, que confiese todo lo que me hizo a mí durante tanto tiempo y lo que le hizo a mi prima —lo dijo enardecida.

—¿Y qué te contestó?

—Que ya pasó. Que a él lo tratan mal por esto en la familia, que ya se separó, que vive solo como un perro... ¿Y a mí qué me importa?, le dije. ¡Y a mí qué me importa! ¡Vos tenés que hacer lo que tenés que hacer!

—¿Qué?

—Entregarse a la justicia, alguien tiene que hacer justicia con lo que nos hizo a nosotras. Es un hijo de puta. Además, crio a sus hijos y *ahora tiene nietas* mujeres, está libre, ni siquiera hace un tratamiento y yo tengo que estar acá, mal, con psicólogo, psiquiatra, ¿por qué?

Nadia pasó bastante tiempo en tratamiento. Estaba medicada y se perturbaba aún más al hablar de la madre y del "tío" abusador, su enojo era indiscriminado, lo dirigía a todos los miembros de su familia de origen. Yo trabajaba para intentar deconstruir el estado de aislamiento que comenzó en la infancia a partir del abuso y que ahora ella había trasladado a la relación con toda su familia en forma masiva. Nadia era como un árbol firme, pero sin raíces, a punto de caerse en cualquier momento.

Es fundamental poder decidir con quiénes relacionarse. Cualquier intento de comunicación siempre es mejor que quedarse en estado de soledad, ya que con una experiencia de abuso *quedarse* sola es siempre empeorar y eternizar los efectos desdichados. Por lo tanto, el intento de comunicación con el mundo puede generar una gran mejoría, siempre y cuando, claro está, se tengan los recursos psíquicos para lograrlo. Y estaba claro que Nadia no los había tenido. En eso trabajamos.

Entendí que las posibilidades de retomar trato con alguno de los miembros de su familia de origen estaban en relación inversa a la cercanía que estos tuvieran con su tío: cuanto más lejanos estuvieran de él, mayor era para ella la posibilidad de retomar algún tipo de contacto. Acercarse a él, en cualquiera de sus formas, la enajenaba.

Nadia se había recluido en la familia que ella había elegido formar, un matrimonio con las comodidades que este le ofrecía, y el cuidado obsesivo de sus hijos que, como toda obsesión, garantiza el cumplimiento de las responsabilidades e incluso, a veces, cierto alejamiento del deseo.

El deseo era algo fluctuante en ella y no encontraba una manera de modificarlo, a pesar de los problemas que le traía en la vida íntima de la pareja. Esto la llenaba de impotencia y aumentaba su enojo con lo que decía que le "había tocado vivir". Así, ella *era una madre* las "25 horas" del día, a tal punto que su matrimonio y su vida sexual eran un sutil acompañamiento a lo que se había transformado en su *misión* en la vida: sus hijos y su maternidad.

Como sucede en la mayoría de las personas que se sintieron desamparadas frente a quienes tenían que cuidarlas, Nadia había decidido ser una madre muy distinta a la que ella había tenido. Y, como la mayoría de las personas que fueron sexualmente abusadas, mostraba un particular cuidado en la crianza de sus hijos, jugando inconscientemente con una necesaria, aunque *fallida*, reparación del daño de la propia historia.

Luego de un tiempo de tratamiento, Nadia se animó a invitar a su hermana a la confirmación de uno de sus hijos. Pero le aclaró que su madre no debía enterarse. La hermana estuvo muy dispuesta y compartió esos eventos, el del sobrino y el del reencuentro, con mucha satisfacción.

En esos días del fin de año, su relación de pareja atravesaba una crisis. Emanuel, su marido, le reclamaba que tuviera otras actitudes, que no esté tan perturbada, y ella no lograba explicarle la gran conmoción que vivía cuando intentaba revincularse con algún miembro de su familia.

Ella me relataba que iba como una mujer perturbada de la cama a la cocina para darle de comer a sus hijos y de la cocina volvía a la cama. Tomaba psicofármacos que la psiquiatra le había indicado para poder soportar los altos grados de tensión interna a los que estaba sometida en estas peleas sin cuartel entre el odio y el amor, que aparecían en cualquier situación en forma indiscriminada, en el intento de controlar la *ira* que habitualmente aparecía ante un enojo.

En esta etapa estábamos reconstruyendo una forma de familia distinta a la que había heredado. Yo intentaba ayudarla para que pudiera vivir este período como una elección, apuntando a la conquista de la libertad respecto de sus afectos más primarios. Y que por fin pudiera, lejos del sometimiento, elegir qué hacer con su familia, cómo hacerlo y con quiénes.

No obstante, era muy difícil que ella viviera esto como una conquista: siempre estaba la sensación de que era tarde, que había sido demasiado el tiempo perdido en relaciones familiares "montadas sobre una mentira".

Así, Nadia comenzó a retomar el trato con algunos de sus familiares.

Algo se había abierto, pero había que ser cuidadosos con esa posibilidad conquistada. Esas comunicaciones no eran habituales para ella y podían desestabilizarla completamente. Toda cercanía la remitía de un modo vertiginoso al abusador y a la historia del abuso.

Por lo tanto, cuando meses más tarde llegaron las fechas de las festividades de fin de año, en las que la mayoría de las personas intenta reunirse con sus seres queridos, Nadia estaba en su casa de fin de semana de un barrio cerrado, de la que decía "ese es mi lugar" (era lo único que disfrutaba para sí), y entró en un estado de angustia importante. Se encerró en el baño, muy perturbada, y comenzó a enviar una catarata de mensajes telefónicos a sus hermanos y primos, recordando los hechos que había vivido en la infancia con su tío. Ella siempre les había reclamado que no hubieran hecho *algo* por ella.

"Solo me escuchan y tratan de entenderme. Se compadecen de mí. Pero a mí no me alcanza", repetía.

Todos los miembros de su familia con los que ella se iba comunicando le respondían, siempre, con una amabilidad extrema cercana a la culpa, como si cargaran con la complicidad del delito.

Haberles contado lo sucedido a sus hermanos y a sus primos, además de recibir un apoyo incondicional de parte de ellos, le permitió por fin a Nadia invitarlos a pasar un día en su casa de fin de semana.

Hasta que la dejé de ver, Nadia jamás perdonó a su madre por su ausencia en los momentos en los que ella más necesitó. La madre tampoco nunca le pidió disculpas.

A lo largo del tratamiento, Nadia consiguió retomar los lazos familiares que eran positivos para ella. Fundamentalmente, recuperó una identidad familiar que había sufrido una fuerte disrupción. Se sentía sola inserta en la familia del marido, con sus hijos, sin raíces, sin identidad. Algo que la enloquecía y la vaciaba de su propia historia.

Tras estas conquistas, después de un tiempo Nadia dejó provisoriamente el tratamiento por un viaje que tenía en puerta. Sé que ahora comparte una verdad con la que puede convivir y puede dejarse acompañar por su familia. El abusador quedó completamente desenmascarado y las mujeres de la familia que habían sufrido abusos en la infancia, ya adultas, podrían acompañarse mutuamente, el aislado ahora era él. Faltaba la justicia de los hombres, que para esos días aún no había llegado.

Capítulo 5
La niña de la escuela
El hogar, un sistema carcelario

Hace unos años, con un grupo de compañeros provenientes de diferentes experiencias vinculadas a la "intervención social" fundamos una ONG, con el objetivo de combatir y de reparar los daños sociales generados durante la crisis de 2001 en la Argentina, que profundizó el hambre, la miseria, la desnutrición y el desamparo, con las consecuencias que aún hoy padecemos. Pusimos un particular énfasis en la construcción de redes sociales a modo de sostén, utilizando las distintas disciplinas desde las cuales cada uno venía formado. En mi caso se trataba de la salud.

Contrarrestando esta fuerza, usamos nuestro conocimiento y lo llevamos a la acción "interviniendo" –y ahora sí aplica para mí el término– en distintas instituciones, en su mayoría escuelas secundarias y especiales. También elaboramos proyectos de inserción laboral, de microemprendimientos y de capacitación para adolescentes, fundamentalmente en el campo de lo vocacional y del trabajo. Sobre la base de mi conocimiento, hice todo lo que estuviera a mi alcance. Mi tarea por esos días consistió en capacitar, evaluar y atender clínicamente, siempre pensando y elaborando políticas de salud que fueran pertinentes en un momento de tan pocos recursos dados por la situación social de un país en crisis. Recuerdo a los pacientes referirse al dolor que les generaba el hecho de saber del dolor del semejante. Y la forma que encontraban de preservarse y seguir era no saber, o bien saber sin experimentar. Así, los más afectados no leían los diarios, no miraban noticieros ni escuchaban radio. Encerrarse y trabajar en sus terapias era lo que los ayudaba a seguir. En muchas personas, el sufrimiento humano genera un dolor a través de la empatía que a veces se hace intolerable.

Dentro de lo que fue un trabajo territorial intentamos relacionarnos con las instituciones que conformaban esa comunidad; así, impulsamos varias ferias públicas promocionando artesanos, y también realizamos compras comunitarias y otras tantas intervenciones que nos llevaron a ganar una mención especial a modo de reconocimiento por parte del Gobierno de la Ciudad de Buenos Aires.

En ese marco, habíamos hecho un convenio con una escuela secundaria estatal para ofrecer nuestros "servicios". Habilitamos un consultorio dentro de la escuela al que asistía una vez por semana. La experiencia era nueva, no sabíamos cómo sería la respuesta de los chicos. Sin embargo, para mi sorpresa, el primer día ya no disponía de horarios para dar a los chicos, ya que colmaron la cantidad de horas que yo había ofrecido para trabajar. Cada vez que iba, la preceptora me pasaba un extenso listado de alumnos que demandaban tratamiento.

Fue un aluvión de chicos y papás pidiendo auxilio. Era, ciertamente, una escuela particular puesto que tenía una excelente rectora y un buen grupo humano de administrativos que intentaban escuchar a los chicos. Y, párrafo aparte, también los docentes necesitaban ser escuchados.

Atendía un adolescente tras otro, intercalando las entrevistas con sus padres, que se presentaban espontáneamente sin necesidad de que yo los citara, algo que me gratificaba aún más. Un buen día, la secretaria de dirección que solía pasarme la lista –cabe aclarar que era una mujer mayor, muy agradable y afectuosa, lo que no era un tema menor porque los chicos se acercaban con confianza–, me dijo: "Andrea, hoy te puse a esta nena de primer año, y dejé a otros chicos para la próxima semana porque me parece que es urgente. Te pido que te fijes, la que sabe sobre esta nena es la bibliotecaria, si no te molesta le digo que vaya a hablar con vos". Le dije que me parecía muy bien su decisión y le advertí que para mí era importante tener la mayor cantidad de datos sobre los chicos, sobre todo acerca de su mundo afectivo.

A esta paciente la llamaré la Niña, aunque se trataba de una adolescente de 14 años, porque todo en ella era aniñado, parecía no poder entrar en la adolescencia, y mi tarea era identificar por qué.

Ese día llegué al aula que me habían dado para usar de consultorio. Era un lugar en desuso, limpio, aunque lleno de escritorios encimados unos sobre otros. Yo había separado el escritorio del docente, más tres sillas para atender a los chicos y a sus padres.

Primero se presentó la bibliotecaria. Me dijo su nombre y empezó su relato: "Esta Niña vino un día a la biblioteca a pedirme un libro. Yo se lo di. Se sentaba y lo ojeaba, siempre cerca de mi escritorio. Luego lo devolvía. Así se repitieron algunos días hasta que yo le pregunté si le pasaba algo. Lacónica, triste, como desesperada, con esa desesperación de quien no tiene esperanzas –yo agregaría que es como una desesperación muerta, que no produce, de quien agoniza– la Niña me contó: 'En mi casa somos tres hermanas y mi mamá'. Parecía, dicho así, como si definiera un equipo. Y luego agregó: 'Y mi papá'. Y continuó: 'Vivimos en un departamento de tres ambientes. Nosotras dormimos en uno de los dormitorios y mi papá en el otro. Una por noche, entre mi mamá y mis hermanas mayores, hacemos guardia en la puerta del dormitorio de mi papá para que no salga'".

Este mismo relato me hizo la Niña cuando "llegó" a la sesión. Yo sé que se llega a una sesión luego de un largo peregrinar. Y en este caso vaya si había peregrinado la Niña. Y también la madre, las hermanas, la bibliotecaria, la rectora, hasta llegar a mí.

La Niña me contó que cada noche a una de las mujeres de la casa le tocaba hacer guardia en la puerta de la habitación en la que dormía su padre, con intención como de cárcel inconclusa. Y me aclaró: "Excepto yo, ya que les dije que yo soy una niña". A ella pensarse como niña seguramente la tranquilizó. A ella sí; a mí, no.

Le pregunté por qué hacían esto todas las noches en su casa. Me explicó con un relato claro y sin una angustia manifiesta que su papá había tocado a sus hermanas sin que ellas quisieran y que a ella solo le había metido la mano bajo el pantalón, y que desde ese día la madre no permitía que todas durmieran al mismo tiempo y organizaba guardias nocturnas puesto que debían estar atentas a que el padre no salga de su habitación para abusar de alguna de ellas. Era una casa con carceleros; ellas mismas.

Claro está que nuestra Niña –entre el intento denodado de entender qué era en realidad lo que pasaba en su hogar y los fallidos propósitos de cumplir con sus responsabilidades escolares– padecía un agotamiento tal que le impedía estudiar. Ya era bastante que, a su corta edad, pudiera denunciar a este hombre, su propio padre, acaso con la esperanza de que alguien escuchara y pudiera hacer algo con esto.

Yo, sin duda, podía ayudarla a resignificar esta familia, a reubicarla frente a ese progenitor que las avasallaba con su sexualidad llevándose por delante el tabú del incesto, imprescindible como ordenador del vínculo tierno padre/hija. Yo intentaba desarmar un relato compulsivo que ella repetía casi sin poder entender, mucho menos sentir. La compulsión suele ser un intento fallido de elaboración y este era el caso. Cada uno, en este peregrinaje, hicimos una parte. Yo trabajé para que la Niña pudiera sostenerse desde otra posición frente a demandas tan diferentes, las de esta casa/cárcel y las de la escuela. Mientras, a la justicia le tocaba hacer algo con ese progenitor. A través de la rectora, que era una mujer muy comprometida con los chicos, el colegio hizo lo suyo. En este caso informó al distrito escolar, que tomó intervención en el asunto, siguiendo los protocolos.

Cabe, en este caso, aclarar algo esencial: la Niña pudo pedir ayuda a tiempo gracias a su mamá. Una mamá que se puso del lado de las hijas, del lado de las niñas, del lado de las mujeres que habría en ellas y jugó, jugó para ese equipo, aun con el peso y la carga de saber que fue ella quien eligió a este hombre, para sí misma y como padre para sus hijas. Aun así, sobreponiéndose, jugó el partido que era necesario para salvar a sus hijas de la devastación completa de su devenir sexual y afectivo.

Cuando terminé mi trabajo en esa escuela, el padre todavía seguía en la casa, y continuaban las guardias para evitar el abuso. Atendí a la Niña que, en cada sesión, repetía este relato con insistencia, de una u otra manera, en un intento denodado por entender la realidad en la que vivía. Yo pensaba que ella quería oír algo que la salvara, yo lo intentaba, pero sabía que hacía falta mucho más. Tal vez el consultorio era el encuentro con un lugar donde nadie le pedía nada, dispuesto para ella, para el rescate de su subjetividad. Ahí me afirmaba yo.

La madre también vino a verme al consultorio en la escuela y a confirmar lo que la Niña relataba y padecía. Y, como tantas otras mujeres defraudadas en el amor y la confianza, intentaría reconstruirse desde las ruinas, de ese derrumbe anunciado, de un develamiento que le exigía un giro que puedo tomar. La Niña pidió ayuda a tiempo, lo hizo como pudo. Llevamos las acciones a la justicia, para que se detuviera a ese abusador y se lo sacara de la casa/cárcel en la que se había convertido la vivienda. Y que por fin el preso fuera él y no ellas, como venía sucediendo.

Así intervinimos, sin poder dar a la familia la esperanza de una justicia rápida. ¿Cómo se vive con el enemigo en la casa? Es una pregunta que me quedó a partir de esta historia. ¿Cómo se hace con los tiempos dilatorios de la justicia y con el machismo que infecta las instituciones más renombradas de la sociedad con sus propios intereses?

Los docentes, el personal administrativo, la autoridad máxima de la escuela, los distritos escolares y los juzgados son las instancias que deben dar los pasos a seguir para minimizar el riesgo de la violencia sexual. En este caso, la bibliotecaria de esta escuela fue la clave de vital importancia en la transmisión para llegar a escuchar lo que vivía la Niña en esa casa/cárcel. En muchas ocasiones, y esta era una de ellas, es la escuela –el "segundo hogar"– la que realiza las denuncias cuando la familia no lo hace en los espacios del Estado destinados a la violencia familiar. Estamos ante una escena con varias víctimas y un victimario, cercano como casi siempre, lo que implica graves riesgos. Necesitábamos una denuncia y una orden de restricción perimetral para que este violento saliera de la casa/cárcel.

La Niña no quería crecer, para qué. Para ella era un plan definitivamente poco interesante.

Capítulo 6
Wayra
Huir hacia la fantasía

Wayra tenía 41 años cuando llegó a mi consultorio. Recuerdo que en la entrevista de admisión, que suele ser abarcadora, especificó con claridad y contundencia el motivo de la consulta: durante su infancia había sufrido abuso sexual por parte de su hermana mayor.

Como este relato intenta enfocarse especialmente en los efectos que tiene en la vida adulta el abuso sexual en la infancia, no voy a compartir detalles que hacen a su historial clínico, aun siendo significativos para la dirección de la cura en el tratamiento, como tampoco plasmaré aquí diagnósticos estructurales, que están orientados a un público especializado en el tema.

Wayra vivió con su familia hasta que se casó y pudo irse de su casa. Su madre era una mujer depresiva, y su padre, un ser afectivamente distante y muy dependiente de su esposa. La hermana, un personaje potente y "sometedor", en ocasiones le pegaba a Wayra si se negaba a tener intimidad con ella.

Incluso ya de grande, evitaba quedarse a solas con su hermana, aunque fuera una situación circunstancial...

Wayra se separó de su pareja, a la que recordaba con cariño, y comenzó a vivir sola. Fue en uno de esos años de soledad cuando comenzó el tratamiento que llevamos adelante juntas.

Ya en la primera entrevista reveló lo mal que la había pasado después de salir de la entrevista de admisión. "Cuando llegué a casa, me emborraché y me fumé un porrito. Después me metí en la bañera llena de agua tibia, puse la música 'al taco' y me dormí apoyada en la bañera. Cuando salí, me di cuenta de que había dibujado las paredes del departamento, y en unos papeles tirados en el piso había escrito algunas cosas que no recuerdo. Fui hasta la heladera y me tomé unas cervecitas bien frías. Me corté. Yo a veces me corto la muñeca. Mirá". Y se levantó la manga larga de su remera, más grande que su medida en tres talles. Y agregó: "Una vez estuve internada. Me pasé. No me di cuenta, me corté y me tuvieron que dar unos puntos". Y finalizó el relato: "Después encendí unos sahumerios que tengo al lado de mis duendes y me quedé dormida hasta hoy".

La entrevista de admisión que Wayra había hecho antes de llegar a mi consultorio para dar comienzo al tratamiento contaba con muchísimos datos muy útiles para mí, que ella aún no había compartido conmigo. Pero considerando que ese relato la había desestabilizado, decidí no preguntar nada al respecto y esperar a que ella considerara necesario darle cauce a lo más complejo de su historia. Lo cierto es que yo ya tenía esa información y la usaba para mejorar su equilibrio emocional, en un psiquismo que lo requería. No eran importantes los datos para mi trabajo, sino los efectos devastadores del abuso sexual. Wayra no habló de esto por un tiempo, si bien sabía que yo tenía conocimiento. Debía esperar a que ella adquiriera alguna herramienta más que, por supuesto, yo debía tallar delicadamente y ofrecerle para que ella, muñida de esa herramienta nueva, pudiera contar su principal problema sin desestabilizarse de semejante modo.

Me decía: "Mi casa es un desastre, tengo que arreglarla. En las paredes tengo palabras escritas, frases, también tengo la letra de unos temas que siempre me gustaron".

Mi desafío era que lograra nombrar su enojo y su furia y que enlazara esas emociones con algunas palabras que nunca alcanzan para nombrar el horror, pero que lo rodean, lo circunscriben y lo delimitan. De esa manera, se impediría que llevara toda esa carga a su cuerpo, dejando las marcas de lo ininteligible, o que la plasmara en las paredes de su casa, a través de frases intolerables ya inscriptas en el mapa de su mundo afectivo, aquello que no podía contener.

Ese día entendí que Wayra era muy frágil y que, para llegar al centro del asunto y hacer puntería clínica, iba a tener que construir varios puentes para pasar de isla en isla, islas de palabras desencadenadas del discurso que ella intentaba saltar, cayendo varias de las veces en un océano sin sentido plagado de frases alborotadas, palabras desorganizadas "pobladas de duendes" y quienes a veces caminaban por ellas, construyendo así un discurso mágico, casi místico. El alcohol ayudaba a tolerar la ausencia de un equilibrio psíquico, justificando las imágenes que aparecían ante esa angustia de vacío, de caída, de falta de red.

En apenas cincuenta minutos de sesión, supe que para trabajar con Wayra necesitaría todas las luces de mi consultorio encendidas. La oscuridad que ella transmitía era tan grande que resultaba esencial que yo sintiera que sí podía ver algo en ese paisaje, por momentos lúgubre.

Wayra escribía muy bien, y leía mejor. Había estudiado la carrera de letras y también era periodista, pero estaba trabajando en un puesto administrativo contable en una empresa muy grande, el cual llevaba adelante con una intensa sensación de presión. Era muy responsable, capaz y comprometida con su tarea. No era el tipo de trabajo ni el ambiente de los que ella disfrutara, a pesar de que tenía muy buen trato con sus compañeros, pero era el costo que había decidido pagar por su libertad y por tener su autonomía económica.

En ocasiones, Wayra miraba las paredes de su cuarto y veía subir enredaderas frondosas. Ella sabía que no estaban, pero también sabía que las veía. Otras veces, veía en su habitación la imagen de una mujer que la miraba.

Por lo general, donde no hay una ley psíquica que funcione poniendo un orden interno sobreviene un poder devastador, una anarquía psíquica. A veces era esto lo que pasaba.

Sabía que, en los momentos más "negros", la sangre era el límite que se le oponía a la angustia. Al sufrimiento psíquico –la angustia y la dificultad de capturarla– solo lo detenían el dolor físico y la perplejidad ante, como decía ella, "la sangre roja brotando". Así, Wayra se cortaba para no sufrir de lo que más sufría. Este mecanismo la ponía en riesgo de vida y yo debía operar allí, deteniendo este circuito de funcionamiento que para ella era una solución a su problema y para mí, un gran problema.

Pasaron varias sesiones hasta que ella decidió contarme lo que yo ya sabía, a partir de la información que se me había brindado luego de la entrevista de admisión: el abuso sexual ejercido por la hermana durante su infancia. Sesión tras sesión, yo me preguntaba cómo ese cuerpo pequeño, cual duende, toleraba semejante embate.

Me contó entonces de qué forma su hermana, cuatro años mayor que ella, desde muy pequeña la sometía: "Me obligaba, en secreto claro, a disfrazarme de varón, a masturbarla". Durante años sufrió estas prácticas de abuso por parte de su hermana, la aterraba negarse. Pasando el tiempo se iba sintiendo responsable de lo que ocurría. Y, lo que era peor, la perseguía el pensamiento de que alguien la responsabilizara a ella de las intenciones de su hermana.

Para Wayra, la hermana era como un ser todopoderoso, inmensamente malvado, que usaba como objetos de su "goce" sexual a todas las presas que cazaba para satisfacer sus pulsiones sexuales. Recuerdo el impacto que me causó el relato de que su hermana masturbaba a la perra.

Un buen día, su hermana se casó y se fue de la casa familiar. "Ese día descansé. A la casa a la que se fue a vivir, mi hermana se llevó un montón de perros, pero yo ya no estaba allí".

Wayra se refería constantemente al amor inmenso que sentía por los perros. El día que pudo contarme estos hechos, comprendí que la pena que ella sentía por la perrita era la proyección de la pena por sí misma, ubicada en una misma posición de objeto de uso, y que ese amor tan saludable que tenía por los animales era el modo en que hubiese querido ser querida ella. No había algo que amara más que a los perros. Y estaba muy bien. Yo sabía que si trabajaba bien algún día se amaría a sí misma de ese modo.

Mientras tanto, se preguntaba, siempre enojada, por qué había tenido que compartir experiencias sexuales con su hermana durante la infancia, puesto que era algo que ella no había elegido. La desorganización interna, la vergüenza, el estallido psíquico y la idea de la injusticia la acompañaban permanentemente.

Wayra vivía como si aún estuviera sometida a los designios de otros, otros que pudieran invadirla, someterla; esta posibilidad la ponía en un estado de alerta, la aterraba y la ponía en riesgo psíquico.

A lo largo del tratamiento, noté que Wayra intentaba llevar una vida rutinaria que la ordenara, y a veces lo conseguía. Pero la aparición de un deseo sexuado la desorganizaba. Transitar los avatares de la sexualidad requería de posiciones psíquicas conformadas en la infancia que pudieran sostener ese deseo. Y eso estaba perturbado. Es lo que sucede en los casos en los que la dinámica psíquica está en este estado de vulnerabilidad extrema.

Cuando le gustaba alguien, atravesaba el deseo e inexorablemente aparecían en su psiquismo imágenes a borbotones, en un espacio extraño que no era ni adentro, ni afuera, ni real, ni irreal. Fenómenos psíquicos que la acompañaban, dejándola desprovista del sentido, como algo que se le imponía y la intrusaba.

En esas ocasiones, se desplegaba una escena dentro de la cual quedaba atrapada; su psiquismo era muy vulnerable a esa embestida. Rompía sus pertenencias, objetos, cosas que habitualmente cuidaba. Ponía música y subía ensordecedoramente el volumen, generando problemas de convivencia con sus vecinos. Tenía sus ídolos musicales, que fueron siempre una presencia en su vida porque no la defraudaban. Recurría a las letras de las canciones que amaba como un lugar donde alguien había podido expresar lo que ella tal vez hubiera querido. La música era un aspecto placentero y reconfortante de su vida que solía compartir conmigo. Incluso hoy guardo los discos que insistió en regalarme.

Cuando transitaba por estas crisis, Wayra sabía que lo único que le permitiría dormir y descansar era el alcohol en exceso. Considero importante aclarar, como para desarmar algunos mitos, que Wayra es una intelectual y una persona de extrema sensibilidad.

En una de las sesiones en las que estaba estabilizada, me contó que había estado internada con un diagnóstico de anorexia, por sus trastornos de la alimentación. "La pasaba horrible, era un lugar espantoso con métodos que no me servían, pero bueno, estaba tan flaca que había dejado de menstruar y necesitaba algo".

El padecimiento que la llevaba a no poder comer era una preocupación constante para mí, ya que su delgadez estaba en el límite, cercana a dañar su salud. El primer alimento de un niño lo representa su madre, y el deseo de ella por alimentar a su hijo, motivo por el cual el tema de la alimentación es estrictamente psíquico, esto también se trabajó durante su tratamiento. Trabajamos, en muchas ocasiones, la prohibición del deseo que se le imponía y que estaba obturando la posibilidad de desear y, así, de alimentarse.

Wayra tenía mucho material escrito, de un nivel literario sobresaliente, que compartió durante el proceso terapéutico. La escritura funcionaba siempre como sostén en un registro "imaginario" en su vida, de aquellos afectos que ella no podía simbolizar en su interior. Sus textos presentaban "neologismos", propios de las producciones del discurso en algunas estructuras psíquicas, que son las producciones propias de un sujeto, que se le imponen, que no responden a leyes gramaticales porque no alcanzan a enlazar aquello que está suelto, desenlazado y que no se puede significar de otro modo. Los neologismos surgen allí donde el sujeto no logra simbolizar y aparecen en una forma desencadenada a veces del discurso. Los escritos inducían una paz creativa que le causaba satisfacción en contraposición a la impotencia que le generaba la angustia.

Para algunas estructuras psíquicas, tanto la escritura como otras actividades artísticas traen a la persona la estabilidad que por momentos pierde. Motivo por el cual una de mis indicaciones clínicas fue que continuara con la escritura.

A veces, Wayra salía y caminaba por la ciudad.

—De pronto me daba cuenta de que no sabía bien por dónde estaba, me desorientaba.

—¿Y qué hacés en ese momento?

—A veces siento como que hay unas líneas mágicas de luz, que me van guiando, las sigo y encuentro el camino.

Esto tampoco me asombraba, ya que es un fenómeno que aparece en algunas estructuras psíquicas y se denomina desorientación temporo-espacial.

También había comentado otras cuestiones de su vida cotidiana: "No puedo sentarme en un inodoro, no soporto el contacto". Y encontró una forma particular de uso para evitarlo.

Asumía la masturbación como una forma de descarga "útil" cuando se sentía tensionada. "Pero necesito usar un pañuelo para no sentir en las manos el contacto". La sensación del abuso la llevaba en el tacto de sus manos como una huella que activaba el recuerdo que se reeditaba en el contacto con la piel. Un fenómeno que aparecía fuera de tiempo y espacio.

En su día a día, Wayra lidiaba con estos escollos importantes para trabajar, querer, amar y odiar. A esto se le sumaban ciertos fenómenos que ella percibía, como esos "duendes" de su casa que veía moverse. Eran imágenes muy gratas para ella, tenía debilidad especial por los duendes y los espacios en los que vivía siempre contaban con estatuillas que la acompañaban.

Cubría siempre sus brazos con ropas de mangas largas para que no se vieran las cicatrices de los cortes y vestía ropa holgada que le ocultaba el cuerpo. Esta imagen que mostraba con su vestimenta era la que ella tenía de sí misma, oculta, marcada y difícil de delinear.

Un día decidí mostrarle con detenimiento una cicatriz propia que yo llevaba al descubierto. Y conversamos luego sobre el efecto que una cicatriz genera en los otros. A la sesión siguiente vino por primera vez con ropa de mangas cortas que pudo incorporar de ese día en adelante.

Ante tanto padecimiento y desorden, le dije que consideraba que con alguna medicación adecuada ella no se descompensaría con tanta intensidad, y le sugerí que hiciera una interconsulta con el psiquiatra.

Rechazaba la idea de medicarse con psicofármacos. Temía que algo malo pudiera sucederle en el organismo, le resultaba, algo más, intrusivo en su cuerpo. Recuerdo, entonces, que le expliqué que ya estaba pasando algo malo en su psiquismo, en determinadas ocasiones, y que la ponía en un riesgo. Le dije que con un acertado diagnóstico, aquello en las dosis adecuadas podía mejorar su calidad de vida. En este marco de confianza mutua, Wayra acudió al psiquiatra.

La imagen de los delantales blancos en los profesionales le generaba hostilidad y aumentaba su resistencia; por lo tanto, se lo comuniqué al colega, quien de muy buen grado la atendió sin delantal, buscando la forma de facilitarle la confianza.

El psiquiatra le indicó un estudio médico muy específico, que nos dio como resultado una leve diferencia en el tamaño de una zona de su cerebro respecto de lo esperado. Wayra había atravesado ya cinco tratamientos psicológicos previos. Y mi diagnóstico no coincidía con los anteriores. Eso nos llevó a una interesante evaluación diagnóstica y a la indicación de una medicación diferente de las que ella había tomado hasta entonces.

Le expliqué que allí donde su psiquismo no podía responder de forma adecuada a las demandas que su vida requería, el fármaco haría de red para evitar la espantosa sensación de "caída libre" que se siente al "pisar" los agujeros del psiquismo que todos tenemos de modos diferentes, con funciones diferentes. El de ella la llevaba a lugares con poca capacidad de elección.

A esa altura, no era tan relevante conocer con precisión la etiología del síntoma. Entre los distintos especialistas que la atendíamos se había generado una discusión respecto de la causa del mecanismo que determinaba sus síntomas: si se trataba de una base orgánica o de una estructura psíquica, o de ambas que se condicionaban entre sí. Lo que importaba, en esencia, era saber que los síntomas y los malestares estaban y generaban un sufrimiento desmedido. Habíamos trabajado mucho hasta llegar hasta allí tras la implementación de una evaluación integral que incluía la neurológica, la psiquiátrica y la psicoanalítica. Yo mantuve mi diagnóstico y Wayra comenzó a tomar una medicación acorde que detuvo esas fuertes crisis y que la estabilizó.

Con la terapia podía discriminar qué aspectos de su vida dependían de ella y cuáles eran aquellos con los que tendría que aprender a convivir de un modo que no fuera caótico, ni angustiante.

El tratamiento la ayudó a recibir una medicación adecuada que la mantenía equilibrada y sin desbordes. A partir de aquí, Wayra empezó a poder compartir tiempo a solas con varias personas y durante varias horas. Un logro. Empezó a confiar en los otros y a conectarse con el amor hacia los demás y hacia sí misma. Descubrió también que lo que ella creaba tenía belleza.

Después de trabajar juntas duramente, pasando por diferentes etapas, yo también incorporé esa sensación de verla como un duende, con su baja altura, su andar liviano casi etéreo. Un duende lleno de amor, llegando a mi consultorio.

Hoy, cada tanto, recibo noticias suyas. Formó pareja con un hombre que adora y con quien convive, que había conocido en la época del tratamiento. De vez en cuando me manda una foto de ellos dos junto con su amado perro nuevo.

La tarea realizada con Wayra me llena de satisfacción. Ella es y será un ser adorable y contará conmigo cuando lo solicite. Admito que me dio la oportunidad de acompañarla a lugares que a veces otros analistas, acaso por desconocimiento, evitan. Me permitió hacer de esos agujeros del psiquismo producidos por un trauma en el desarrollo sexual infantil una paciente con quien trabajar.

Wayra es una de esas pacientes que me incentivan a reiterar que cuando alguien siente que no está trabajando lo que necesita en una terapia, busque hasta que encuentre el analista adecuado. Puede haber trauma, pero no hay paciente si no hay analista.

Fue un lujo trabajar con ella.

Capítulo 7
Silvia
La gran conquista

Silvia provenía de una familia de clase media. Su padre, con los años, devino alcohólico. Ella lo describía como alguien muy apasionado, y hasta desenfrenado y librado a actividades festivas, de manera constante, dentro y fuera de su casa. Su mamá parecía tener una dependencia sexual respecto de su marido, según relataba Silvia. También tenía dos hermanos varones. Uno de ellos, Mariano, unos años mayor que ella, era muy capaz a nivel intelectual, pero con una voluntad absolutamente endeble, por lo que no podía sostener ningún proyecto ni nada en el tiempo.

Silvia llegó a la consulta habiendo ya transitado varias terapias, en las que había tratado una problemática ligada a trastornos de la alimentación que padecía por entonces. Me relató que sufrió anorexia durante un año, aproximadamente. Y en el momento de la consulta conmigo presentaba eccemas en la piel, en particular en las manos y en el rostro, lo que llamó mi atención ya que eran las zonas más expuestas y visibles del cuerpo.

Había conseguido hacer la Licenciatura en Kinesiología y Fisiatría y no era una kinesióloga más, sino que se destacaba por su compromiso con los pacientes, por su tarea cotidiana, su alto rendimiento en las prácticas de la profesión. De hecho, era llamada frecuentemente por sus compañeros para que los auxiliara en alguna situación.

Incluso, rechazó la propuesta de tomar el puesto de jefa de kinesiología. Decía que no quería tener problemas con sus compañeros cambiando su jerarquía; prefería ser "una buena compañera" de sus pares.

El motivo de su consulta, esta vez, se debía a la anorgasmia, una problemática que padecía desde siempre y que no había abordado en los tratamientos anteriores.

Aunque vivía aún con su madre y sus hermanos –sus padres a esa altura se habían separado y su padre convivía con otra pareja–, estaba de novia con otro profesional calificado en kinesiología con quien compartía tiempo y dormía varias noches de la semana.

Le pregunté qué le ocurría exactamente con relación a su anorgasmia, cómo describía su situación. Y me respondió en forma verborrágica, como sucedía habitualmente, siendo una de sus características. Además, siempre se le dibujaba en la cara una bella sonrisa que se deshacía con la facilidad de la inmediatez y pasaba al llanto acongojado.

—La paso bien sexualmente pero no llego nunca a tener un orgasmo —me relató—. Juan se cansa, me espera. Hace de todo para que yo pueda tener un orgasmo, pero no. Yo le pido lo que me gusta... Pero igual... ¡Nunca llego! —Y lloraba, desconsolada—. Yo no puedo formar una pareja de esta manera, estamos pensando en convivir, en tener una familia, pero yo no puedo tener un orgasmo. Así no puedo, ¿no te parece? Juan se siente muy mal. Dice que no me hace feliz como mujer. Y yo sé que él no tenía estos problemas con su pareja anterior. La pasaban bien. Además, él es muy sexual. De hecho, a veces me despierto a la noche y lo descubro mirando películas pornográficas. ¡Eso me molesta! ¿Por qué no está conmigo? ¡Pienso que está insatisfecho! ¿Quiere más?

—¿Quién quiere más? —le pregunté.

—Y, él. Me pregunto si le gustan más esas minas que están ahí que yo. Yo no te digo que soy como esas, pero fea no me considero. Me falta un poco de tetas, pero bueno, todo no se puede tener. Aparte, se la pasa mirando minas incluso cuando está conmigo.

—¿Cómo "cuando está conmigo"?

—Sí, sí. Yo siento que es como si yo no estuviera...

—¿A dónde?

—Y bueno, con él...

—O sea que no es que sentís que es él el que no está, sino vos.

—Claro.

—¿Y dónde te parece que estás?

—Y, no sé...

Tras ese diálogo nos despedimos hasta la próxima sesión.

A la semana siguiente, cuando llegó me dijo:

—Estuve pensando lo que me preguntaste. Te quería contar algo que me pasó cuando era chica que tal vez tenga que ver. Un día mi mamá entró a la habitación donde mis hermanos y yo dormíamos. El departamento donde vivíamos tenía tres ambientes: la habitación de mis padres, nuestro dormitorio y el otro era el living. Bueno, al entrar mi mamá nos encuentra a mí y a mi hermano Mariano desnudos, y mi hermano estaba encima mío. Yo no recuerdo qué pasó, te digo la verdad. Yo no recuerdo. ¡Era chica! Mi mamá se enojó muchísimo y al hablarlo con mi papá, lo culparon a mi hermano que era el mayor y lo castigaron por bastante tiempo, sin dejarlo hacer las cosas que le gustaban. Y además lo sacaron de la habitación y de ahí en más durmió en el living.

Yo la escuchaba atentamente sin interrumpir.

—Yo me sentí muy mal, todavía hoy me da mucha culpa, mucha, mucha culpa...

—¿Qué cosa te da culpa?

—Que a mí no me dijeron nada, no me castigaron, todo el enojo fue hacia él. La pasó muy mal durante mucho tiempo, lo trataron mal —contó angustiada—.

—¿Y a vos qué te parece que pasaba?

—No sé, yo no me acuerdo. Estaba tan preocupada... Creía que estaba embarazada. Durante mucho tiempo tenía la duda de que podía estar embarazada y eso me ponía muy mal. No sabía discernir. No tenía idea de nada, no sabía cómo se podía estar embarazada, pero sabía que eso tenía algo que ver...

Entendí que la angustia le había durado todo el tiempo que creyó que podía estar embarazada a su corta edad.

—¿Y cómo siguió eso?

—No sé, un día se me pasó. Me fui olvidando. Vi que no pasaba nada y supuse que no, que no estaría embarazada. Seguí mi vida. Y con el tiempo mis padres veían cada vez peor la vida de mi hermano, y lo llevaron a varios médicos y psiquiatras hasta que le diagnosticaron una psicosis. Y fue peor para mí. Yo me sentía peor.

—¿Pero cómo?

—Me da mucha culpa.

— ¿Qué es lo que te da culpa?

—Mi hermano. Pasó el tiempo y mi hermano estaba cada vez peor. Mis padres no sabían qué hacer, él no tenía ganas de nada, empezaba cosas y no las terminaba. Él es muy capaz. Te diría que es más inteligente que yo, pero deja todo, nunca termina nada, se queda días en la cama, comiendo, cada vez está más gordo. Por suerte, ahora está medicado y anda mejor, pero cada tanto deja la medicación, deja los tratamientos y hay que buscarle un nuevo profesional para que lo atienda. No puede sostener nada.

Pensaba y me preguntaba qué formaciones inconscientes se habrían enlazado a esa culpa. Sin dudas, el merecimiento del placer.

Empezamos juntas un arduo trabajo en el que decidimos distribuir las responsabilidades.

—Silvia, tus padres culparon a tu hermano. Y vos te culpás a vos misma aún hoy por la vida que luego tuvo tu hermano, por los castigos que definieron tus padres para él en ese momento. Esa es responsabilidad de tus padres, no fuiste vos quien lo castigó.

—Sí, es cierto...

—¿Entonces cuál es tu culpa?

—Yo pude disfrutar de la vida y él no. Él no termina nada.

—Vos tampoco.

—¿Por qué decís eso? Yo terminé el colegio, terminé mi carrera universitaria, lo que me propuse lo terminé...

—¿Sí?

—Sí.

—Entonces fijate si te proponés terminar satisfactoriamente las relaciones sexuales y tener un orgasmo. ¿Te lo merecerás?

Se produjo un largo silencio.

—No sé... no sé...

—Pensalo y nos vemos la próxima.

Sabía que la dejaba con un problema que ella debería resolver.

Silvia vino a la sesión siguiente sin la verborragia que la caracterizaba, tenía un hablar más lento, reflexivo. Incluso estaba muy seria.

—Estuve pensando acerca de lo que me preguntaste. No sé, pensé que tal vez yo no me permito disfrutar del todo, es como si fuera el castigo que mis padres no me pusieron, y me lo pongo yo.

—Ya habíamos hablado acerca de que no fue tu responsabilidad, y menos tu culpa, lo que le ocurrió a tu hermano en la vida.

—Pero él merecía una vida mejor. Y la tuve yo, no es justo.

—Lo que estás haciendo con vos no es justo, te infringís un castigo por algo que no hiciste, no decidiste y no comprendías.

—Puede ser...

—Encima, siendo tan niña pagaste con mucha angustia el temor de estar embarazada, el no poder preguntarle a nadie y sacarte esa duda, la duda sobre tu propio cuerpo y sus consecuencias. Eso era irracional y duró años. Eras muy chica y desconocías las consecuencias de esos actos.

—La pasé muy mal.

—Tal vez algo de este encuentro entre dos cuerpos de dos niños desnudos, aún sin recordar lo que ocurrió exactamente, el reto de tus padres y la forma en la que distribuyeron las responsabilidades, todo eso te dejó algo que aparece cada vez que tenés un encuentro sexual con Juan, ahora.

Quedó pensativa. Terminó la sesión y se fue.

A la sesión siguiente llegó muy contenta.

—Resolví mi problema.

—¿Cuál?

—Mi anorgasmia. ¡Tuve un orgasmo, Andrea!

—Ah, qué bueno.

—Sí. ¡Y ahora quiero más! Tengo una relación y quiero tener otra. Juan hasta se cansa. No me hubiera podido imaginar...

—¿Ahora vos querés más?

—Sí, sí. Y a él le gusta la situación.

Yo sentía como si hubiera desatado un gran nudo.

Me contó algunos otros detalles y se fue como si hubiera descubierto un mundo. Y sí, había descubierto el mundo del placer.

La vida de Silvia cambió. Su pareja se afianzó. Se apropió de su cuerpo, dejó de celar a Juan. O, más bien, dejó de celar a las mujeres que sí podían.

Siguió muy preocupada por su hermano Mariano, con un sentimiento casi maternal. Pero también avanzó con sus proyectos y fue mamá.

Finalizó su tratamiento.

Años más tarde, como una tómbola desgraciada, la vida nos encontró por el abuso que sufrió su hija en el jardín de infantes por parte de un maestro. Juntas pudimos encauzar la ayuda a la niña, sin perder un minuto de tiempo. Silvia sabía bien la importancia de acortar el tiempo de intervención y así lo hizo.

De mis pacientes mujeres que intentaron darse el derecho a disfrutar de su propia sexualidad, Silvia fue una de las que llegó hasta lo que se da en llamar la "eyaculación femenina", que es de las menos habituales de entre las respuestas de la sexualidad de las mujeres. Una respuesta del cuerpo de la mujer que, a estas alturas de la historia de las nomenclaturas médicas, debería tener una nominación propia que la discrimine, aportando al abordaje de la medicina al estudio de la sexualidad femenina, relegada en su estudio por años.

La experiencia que Silvia atravesó en su infancia con su hermano se encuadra dentro de lo que llamamos conductas abusivas entre adolescentes. Si bien, a efectos de los alcances de la ley, tiene diferentes consecuencias dada la minoría de edad de ambos; quien fuera víctima de esa experiencia, el menor sometido, llevará en su vida una forma de padecimiento psíquico propio de un abuso sexual. Esto se acentúa por la falta de recuerdos precisos, por el silencio por parte de los adultos que rodearon la situación y por las sanciones que pusieron los padres a su hermano, sin mediar una explicación que a ella le hubiera permitido comprender lo sucedido. Así es como, bajo un mecanismo inconsciente destinado a dar comprensión a los hechos, construyó todo tipo de fantasías y pensamientos punitorios sobre su propia sexualidad, que perduraron hasta la adultez.

Mariano tuvo todo tipo de atenciones clínicas durante los años que siguieron, procuradas por su familia y en particular por su madre.

Este trabajo nos lleva también a pensar acerca de los adolescentes con conductas abusivas. Ante una situación así, es fundamental una contención clínica adecuada, interviniendo en el momento en el que se producen los hechos a efectos de evitar la cronificación de esta modalidad de goce, en la que se corre el riesgo de que tanto el abusador como el abusado queden atrapados.

Capítulo 8
Bautista y el cura

Un diario de esta capital publicó un artículo sobre abuso sexual en el que se tomaba alguno de mis conceptos sobre el tema, basados en mi experiencia con los pacientes. Pasado un tiempo, y a raíz de este artículo, recibí un mail de Bautista solicitando una entrevista. Me contaba que tenía 28 años y que le interesaba conectarse conmigo para comentarme "su caso" y coordinar algunas sesiones. Y finalmente aclaró: "Se me hace difícil poder encontrar profesionales que me ayuden a abordar esta situación que, considero, todavía me tiene paralizado".

Le respondí el correo y combinamos una primera entrevista.

Bautista era de una ciudad de la provincia de Buenos Aires y se había trasladado a la capital al finalizar sus estudios secundarios. Estudiaba en la universidad una carrera de humanidades que lo llevaría a trabajar, fundamentalmente, en la asistencia a personas en situaciones de riesgo. En ese momento estaba trabajando en algo afín, pero más bien abocado a cuestiones administrativas relativas a poblaciones que podían haber sufrido abuso sexual.

Tenía un hermano mayor, Pablo, y una hermana menor, María Julia. Sus padres estaban separados desde hacía unos años. No obstante, el punto de contacto o de unión de la familia era la Iglesia católica. De hecho, todos trabajaban en instituciones católicas. Él acudía a misa todas las semanas y formaba parte de un grupo de jóvenes que instruían a otros jóvenes en los preceptos religiosos, compartiendo sus experiencias en la fe.

Tenía una inmensa devoción por la Virgen María, a quien citaba a menudo. Pero también, mientras tanto, intentaba "tener" una pareja, lo que le resultaba muy difícil e "incierto".

Cuando llegó a la entrevista, me contó todo sobre su familia, sus orígenes y su situación actual. Cuando le pregunté qué lo traía a mi consultorio, me respondió: "Yo fui abusado". Le pedí que me contara y le pregunté quién había abusado de él.

—Mi hermano, un compañero del colegio, mi tío y el párroco de la iglesia. Con unos primos tuve unos juegos sexuales, pero creo que eso era otra cosa. ¡Pero igual me siento re mal por eso!

Comprendí de inmediato que nunca hubo capacidad de reacción en Bautista. Me contaba todo esto sin ningún atisbo de angustia, lo que me preocupó aún más. Una asimilación plena "al hecho de ser un ser abusado". La naturalización absoluta de estos hechos, su posición de víctima, como objeto de uso de otros, estaba intacta, casi incuestionable.

Los que nombraba eran todos hombres muy cercanos a él, incluso el cura. Le pedí entonces que me relatara cómo habían sido los hechos. Era fundamental entender por qué habían entrado todos ellos en esta misma serie, siempre con los mismos resultados.

Bautista era un joven bonito, con una apariencia prolija, cuidada. Vestía de manera clásica y combinaba los colores manteniendo la gama. En general estaba de muy buen humor, con una sonrisa casi "dibujada", y en su relato todo parecía estar vacío de dolor. No manifestaba ni un dejo de afecto en lo que contaba, como si reprodujera un cuento que alguna vez, y con mucho esmero, había leído una y varias veces, lo que le permitía recordar detalles. Por lo tanto, tampoco aparecían tonos de enojo. Eran, sencillamente, anécdotas, historias. La pregunta que él traía a la terapia era acerca de su sexualidad en el presente. ¿Quién era él y qué quería? O mejor, ¿a quién quería?

Desde el psicoanálisis me preguntaba cuál sería su orientación sexual.

Esto a mí me preocupó aún más: si bien era una pregunta importante, lo que no aparecía como inquietud era su posición de objeto respecto de los abusos sexuales. Era claro que íbamos a tener que ir diez pasos hacia atrás para que Bautista encontrara nuevas preguntas y sus respuestas.

—Yo vengo porque quiero casarme y tener hijos como Dios manda, pero no sé si alguna vez podré hacerlo —lo decía sonriente e insistentemente—.

—¿Qué manda Dios? —Inquirí—.

—Bueno, ya sabés —respondió con énfasis—. A mí me gustaría tener una familia "normal", como todo el mundo.

—Bueno, no todo el mundo.

—Sí, sí, claro, los curas no.

—Los curas católicos no, hay curas o religiosos pertenecientes a otras religiones que sí. —Agregué.

Rodeamos el tema varias veces, puesto que él parecía tener un desconocimiento casi absoluto de que en algunas otras religiones los sacerdotes o representantes se casan. Le conté algunos ejemplos que lo dejaron pensando, puesto que para él era una ley: religioso igual celibato. Sin embargo, el celibato que él concebía había sufrido varias distorsiones, lamentablemente.

—¿Una familia como la tuya? —le pregunté.

—A mí me gustaría conocer una mujer, poder tocarla, tener sexo con ella, casarme ante Dios y tener hijos.

—¿Y qué te pasa con las mujeres?

—Me gustan. Pero no sé...

—¿Qué es lo que no sabés?

Me contó que había tenido "una novia". Y había durado apenas unos meses y, finalmente, sin grandes acontecimientos, dejaron de verse. Contó que se habían separado, concretamente, a raíz de una discusión que a él lo "enojó".

Para Bautista, el mundo parecía dividirse entre personas con "familias normales" y "curas", que parecían ser algún otro tipo de familias.

A lo largo de las sesiones, noté la aparición de enojos suyos intensos ante cualquier discrepancia con quien pudiera ser la pareja de turno, alguien que a él le gustara. Esos enojos que transmitía en forma explosiva, tanto hacia la persona en cuestión como hacia mí, podían ser generados por algo insignificante.

El enojo es una emoción que aparece insistentemente en personas que han sufrido abusos en la infancia, ya no en relación con el abuso sino respecto de cualquier situación del presente de la persona donde se ponga en juego su ser sexuado, es decir, algo de su deseo. Es una manifestación aplazada en el tiempo de un sentimiento de sometimiento que no logró transformarse en enojo. A los analistas a veces nos representa el puente por donde atravesar, el elemento que nos invita a interpelar al paciente para que encuentre o construya, según sea el caso, el sentido de tantos enojos. El enojo como un efecto postraumático.

Bautista, en ese momento, se estaba conectando con dos chicas a través de una red social, y no sabía con cuál avanzar. Y esto se le presentaba como un dilema moral: proponerles a ambas tener alguna relación para comenzar a conocerse. Esto para él representaba casi lo mismo que pedirles casamiento a las dos a la vez, "un sacrilegio". Trabajamos acerca de la distancia que existe entre desear y comenzar a relacionarse con la otra persona. Esto le permitió tener algunos diálogos iniciales con estas chicas, siempre de manera virtual.

De ese modo pudo manifestarles su real interés e ir viendo qué le ocurría con cada una de ellas, al tiempo que las conocía; y qué les sucedía a ellas con él, entre tanto lo iban conociendo. Así, hasta que decidió avanzar con una de ellas y arregló una cita para conocerse personalmente.

A medida que transcurrían las sesiones, se sucedían los encuentros con esta mujer.

—Ella es virgen. Y es muy religiosa, pero no es de mi religión. Y no tendrá sexo antes de casarse. ¡Y yo quiero tener sexo con ella, te imaginarás!

—¿Qué me tengo que imaginar?

—¡Yo soy virgen! Y no sé si me gustan las mujeres. Es decir, sí, sí sé que me gustan, pero quiero hacerlo. No sé qué voy a sentir, en definitiva. Nunca estuve con una mujer. Mi sexualidad y mis "*flashes*" son siempre con hombres.

—¿Qué son tus "*flashes*"?

—Bueno, yo siempre tengo *flashes*, de cosas que viví con hombres, mi hermano, mi tío, mi compañero de colegio, el cura. No sé cómo voy a estar con una mujer...

—Me parece que esto es distinto. En primer lugar, porque en esta ocasión se trata de tu deseo, vos "deseás que suceda". Y en segundo lugar, parece que deseás a una mujer, todo esto es nuevo, nada tiene que ver con lo anterior.

—¡Ah, sí, claro, claro! Yo quiero.

Terminó la sesión y le propuse que en nuestro próximo encuentro me contara, si estaba de acuerdo, de qué se tratan sus "*flashes*".

—Sí, sí.

Y se fue.

El momento del análisis en el que se revelan relatos tan escabrosos como las experiencias de abuso sexual es difícil e ingrato, pero imprescindible para el avance del tratamiento.

En la sesión siguiente, Bautista me contó cómo siguió su historia con la chica que estaba conociendo, que se llamaba Anabel. Estaba contento, pero extremadamente ansioso.

—Yo quiero tener algo con ella, ¿entendés? A lo mejor tendría que intentar con la otra chica con la que venía hablando, y a la que dejé de hablarle porque me veo con Anabel, porque ella sé que no es virgen y así yo podría concretar. ¡Yo quiero probar!

Mientras trabajábamos sobre esta cuestión, retomé lo de sus *flashes*.

—¿Qué cosas te aparecen en los *flashes*?

—Cuando éramos chicos, mi hermano y yo dormíamos en camas marineras. Él se bajaba de su cama y me tocaba. Yo era chico y no sabía qué hacer, además él era más grande que yo.

—¿Cuánto tiempo duró eso?

—Muchos años. Hasta que me fui de la casa y me vine a vivir a Buenos Aires. Esos *flashes* me vienen siempre. Creo que por eso yo, tal vez, era medio amanerado. En el colegio me cargaban, me decían que era un "mariquita". Yo siempre fui así, medio delicado. Un día, uno de los chicos, el que más me cargaba, y que era mayor que yo, me encontró en el baño y me dijo: "lo que vos querés es esto". Me acorraló contra la pared y me dio un beso en la boca, ¿entendés?

—¿Qué debería entender?

—Que yo no quería... Bah, no sé si quería, no sabía qué quería. Me quedé con mucho miedo en el colegio. Cada vez que entraba al baño, me fijaba quién estaba, no quería encontrármelo ¡por nada! Después de eso me pregunté qué quería, si era eso "lo que yo quería". Ellos decían que era eso lo que yo quería.

—¿Y qué te contestaste?

—¡Que no! Que no era eso. Pero qué sé yo... Todos decían que era un mariquita, me cargaban, me burlaban, y encima yo no tenía nada con ninguna chica, más lo que vivía con mi hermano. No sabía quién era, no sabía ni qué me pasaba.

—Y lo de tu tío, ¿cómo fue?

—Un día mi tío se quedó en mi casa y se fue a duchar. Cerró la puerta del baño. Yo escuchaba la ducha. Al rato me llamó... Para que mire, ¿entendés? ¿Por qué "me llamó a mí"? Yo "no sabía qué hacer", qué decirle. Me sentí re mal. ¿Por qué "me pasaba eso a mí"?

—Te pasaba... ¡No lo hacías, no podías reaccionar! ¿Y qué hiciste?

—Me quedé.

—¿Por qué no lo mandaste a la mierda o le dijiste "me voy"?

—No sé. No pude.

No saber, no poder, no entender, enmudecer: una secuencia constante que se repetía como respuesta en los pacientes con experiencias de abuso. Niños y adolescentes embestidos con deseos y prácticas ajenas, un depósito de sentidos en su sinsentido. "Vos querés esto" una forma más de sometimiento. La estimulación de las zonas erógenas, de las que ellos aún no podían apropiarse, la imposición. Una modalidad de excitación que estaba en el límite entre lo propio y lo ajeno. Sujetos que se transforman en preguntas vivientes, luego de haber sido "usados" como objetos a modo de respuestas a las modalidades de los goces ajenos.

Le dije que los motivos por los cuales el tío lo había llamado no los conocemos. Que en tal caso obedecían a algo que era estrictamente del tío, y que él nada tenía que ver con ese pedido. Y que debíamos preguntarnos si le parecía que ese sentimiento de parálisis era una conducta que él tenía en otras circunstancias de la vida: quedarse, no negarse, no preguntar y no contar.

—En todas —me contestó, con su "sonrisa dibujada", que él mismo decía que tenía—. ¡Nunca digo nada! ¡Nunca me niego a nada! No sé qué hacer...

—Decir NO e irte.

—No lo pensé.

Es muy difícil poder pensar sobre algo que no se comprende. Bautista se preguntaba por sí mismo obsesivamente. Quién era y qué quería. Y esto, sin duda, lo ayudó a insistir, insistirse. Y gracias a preguntarse, así llegó a la terapia.

Las sesiones pasaban y el relato con el cura se escurría entre la fe, María y la "nueva mujer" que conocía, ya sexuada, pero tan virgen como María.

En la sesión siguiente le pregunté si, producto de su ferviente práctica religiosa, era un problema para él tener una relación sexual antes del matrimonio, algo de lo que hablaba frecuentemente.

—Sí, pero no me importa. ¡Yo no voy a esperar al matrimonio para tener una relación sexual con una mujer! ¡Imaginate! Si me caso y después no me gusta, o no sé hacer feliz a la mujer con la que estoy...

—¿Entonces?

—Y yo quiero tener relaciones. ¡Por mí, ya! Pero imaginate... ¿Qué hago? ¿Digo que soy virgen? ¿Soy virgen?

—¿Y qué pensás hacer?

—Para mí es mejor que Anabel también sea virgen, los dos somos creyentes. Ya hubo unos toqueteos y, bueno, yo creo que tal vez acceda.

Ellos se veían en la iglesia. Uno acompañaba al otro a sus respectivas misas. Los curas cercanos de ambos aún oficiaban de "jueces" (y partes, luego lo veremos) en sus experiencias religiosas y de todo tipo. Hasta que un día me contó que había decidido hablar con el sacerdote de la iglesia a la que acudía, pidiéndole consejo acerca de su relación con Anabel y la controversia que le generaba que ella fuera de otro credo. Y me explicó que esa característica era un gran problema para su iglesia y que tenía temor a ser rechazado y señalado por su elección.

Bautista manifestaba una preocupación obsesiva respecto de si continuaría con esta chica, atormentado por la decisión de en qué religión bautizarían a sus hijos y quién lo decidiría. Toda esta serie de planteos se habían transformado en una "idea obsesiva" que se le imponía, tapando la verdadera disyuntiva a la cual se estaba enfrentando y que era de índole sexual.

—¿Cómo es que le consultás al cura qué hacer con Anabel, si seguir o no seguir, y tomar una decisión de acuerdo con su respuesta o sugerencia? ¿Qué verdad tiene un cura que vos no tengas? ¿De qué modo podría saber más que vos sobre tu relación? Y además necesito que me expliques cómo tenés esta fe ciega hacia un cura después de que me manifestaste que un cura había abusado de vos.

Bautista se quedó mirándome fijo. Siempre con su sonrisa dibujada, pero esta vez más tenso, con ojos chispeantes. Pensó a una gran velocidad y dijo:

—Es cierto. Él no puede saber más que yo de Anabel, ni qué va a hacer ella cuando tenga hijos, ni yo...

—¿Y la fe ciega? ¿Y el abuso? ¿Y quiénes son para vos los curas? ¿Cómo entendés estos dogmas y esta indicación estricta de formar una familia católica? ¿Qué hicieron ellos con vos? ¿Cómo es "tu" fe? Porque ya me dijiste que en ellos no creés. ¿Y en qué creés?

—Es cierto. Yo iba a una parroquia donde el párroco "nos daba de todo", pero en particular a mí. Fui muchos años, incluso después de que el párroco se retiró. Ya no daba misa porque estaba muy viejo, y yo seguía "viéndolo" en su departamento, lo visitaba, "yo y otros chicos" de la iglesia.

—¿Y qué pasó?

—Él un día se me acercó y me empezó a tocar, quería que yo lo tocara, ¿entendés?

—¿Y vos qué le decías?

—¡Nada! Imaginate, era el párroco de mi iglesia, todos lo querían, era súper generoso con los chicos, siempre les hacía comidas, los invitaba a salidas, nos hacía regalos, todos estábamos cerca de él.

—¿Y a vos qué te pasaba con eso?

—Y... no me gustaba. Pero por otro lado yo tenía ahí un lugar de confianza, podía ir cuando quería, usaba sus cosas, él me llamaba siempre y si no iba se preocupaba por qué me había pasado. Me regalaba cosas que yo no tenía...

—¿Como qué?

—Una vez me regaló una computadora, por ejemplo.

—¿Y a vos qué te pareció?

—Y yo estaba contento, porque yo no tenía y en ese momento no les podía decir a mis padres que me compraran una. Yo sentía que tenía "un montón" de cosas gracias a él.

—Sí, en eso acuerdo, un montón de cosas "gracias a ÉL", algunas las querías y otras no, en absoluto.

—Y sí... Pero no sabía qué hacer.

—¿Y qué hiciste?

—Rezaba para que se muriera. Yo quería que se muriera.

—Ah... ¿Y qué pasó?

—Un día me llamaron y me dijeron que se había muerto. ¡No sabés el alivio! A mí ya me daba asco él. Pero no me salió decir nada. Yo ya había vivido "eso" muchos años con mi hermano, tal vez en algún sentido estaba acostumbrado, pero "ya era grande". ¡Eso me hacía sentir peor!

Esto estaba empezando a cambiar. Dios seguía siendo incuestionable para él, pero las verdades certeras de los sacerdotes estaban empezando a descascararse. Algo, sin duda, empezó a cambiar.

Hasta ahora, Bautista se había relacionado con hombres que le decían quién era él, y qué querían de él, un objeto sin deseos para su uso, denominándolo "marica". Y la única mujer que aparecía en sus relatos de un modo devoto era María, en su estado de virginidad. La imagen de la mujer asexuada.

Durante ese tiempo de la terapia, su relación con Anabel fue bastante satisfactoria para él, salvo en los momentos en que el pastor de la iglesia a la que ella pertenecía o el sacerdote de la parroquia a la que Bautista pertenecía intervenían en la relación, a pedido de ambos, dando sus opiniones. Y además, ambos sacerdotes resaltaban como problema el hecho de que Anabel y Bautista pertenecieran a cultos distintos, lo que él tomaba como justificativo para no avanzar respecto de una mujer que le interesaba y que deseaba.

Ella le permitía cierto acercamiento físico que cada vez aumentaba más el erotismo entre ellos, pero nunca un encuentro sexual completo. Hasta que ella un día, invadida por el conflicto que le generaba esa falsa opción de elegir entre la iglesia o "él", o sea, entre la iglesia y su propia sexualidad, no pudo con la culpa y le planteó que la relación seguiría así hasta después del matrimonio.

Bautista llegó a sesión enojado, casi enfurecido. Le pregunté qué le pasaba y tras relatarme el planteo que le había hecho Anabel, me dijo:

—¡Estoy harto! Yo no quiero vivir más así. No puedo seguir así. Yo no voy a esperar más. ¡La dejo y me relaciono con otra chica!

—¿Harto de qué estás?

—Yo quiero tener sexo con ella. Qué tiene de malo, somos grandes los dos. A mí ella me gusta, yo le gusto a ella, queremos formar una familia como Dios manda, pero ¿cómo sé yo que nos vamos a llevar bien en el sexo? ¡Imaginate! ¿Y si no me gusta? Yo nunca estuve con una mujer.

La sesión rondó sobre el conflicto entre dejarla o seguir con ella manteniendo la virginidad de ambos.

—Yo no voy a poder. Yo la quiero, me gusta... Pero así no quiero.

Se fue del consultorio con la firme decisión de dejarla y seguir su vida, buscando qué significaba una mujer para él, y qué tipo de deseo lo enlazaría a ella, ya no virgen.

Pasó una semana y volvió a la sesión con un largo relato acerca de lo que habían hablado con Anabel. Discutían, se daban unos besos, se deseaban, pero no se decidían. Ella sí quería, según planteó, pero le daba mucha culpa dar ese paso.

Le sugerí que le proponga ir con ella a ver a un ginecólogo, acompañarla. Le sugerí que vea con ella algún material de consulta sobre la práctica sexual, el cuidado, los métodos preventivos ante las infecciones de transmisión sexual, los métodos anticonceptivos y demás cuestiones que les brindaran cierta seguridad. Bautista tomó esa idea y se la planteó a Anabel. Ella descansó en él su miedo y juntos fueron a la consulta. A los pocos días, ella se mudó sola a un departamento, lo que hizo que tuvieran más tiempo y espacio para desarrollar su intimidad.

Bautista me fue contando este proceso en las sesiones. Compartían cada vez más espacios de encuentro, con más manoseos y dejando lentamente de lado el pudor de la desnudez. Hasta que un día se quedó a dormir y, no sin intentarlo varias veces, se produjo el coito.

—¿Cómo te sentiste?

—¡Bien! ¡Re bien! Ella no sé cómo la pasó. Dijo que bien. Pero, qué sé yo...

A partir de ese momento, empezó a repetirse esta experiencia cada semana, a la vez iba compartiendo en las sesiones nuevas reflexiones generadas por el impacto subjetivo de esas vivencias. Y él empezó a plantearse cómo manejarse. Tal vez, decía, tendría que ser más rudo con una mujer, "para ser más hombre en la cama".

Empezamos a trabajar esta cuestión de la rudeza. Rudos habían sido con él estos hombres de su historia, abusando de su voluntad, sometiéndolo.

—Ser hombre no es someter, Bautista, eso hace un abusador —le dije un día.

Esa definición creo que partió al medio esa imagen, poniendo de un lado la violencia del abuso y del otro al hombre con su deseo.

A partir de ahí empezó a dejar de lado los cuestionamientos acerca de su sexualidad. Saber qué deseaba y dejarse llevar por su propio deseo, y no por un deseo ajeno, lo ayudó a acomodar un horizonte de objetos que giraban en falso, en un falso eje de un psiquismo donde lo que ordenaba no era el deseo sino el sometimiento.

Por otro lado, la fe quedó del lado de Dios mientras que los sacerdotes se acomodaron del lado de los hombres. María, una inspiración. Nunca abandonó la práctica de su fe e integró un grupo de catequesis, pero ya con una visión de un hombre que estará en conflicto siempre, un conflicto inherente a la condición humana de ser deseante.

Conclusiones

Este libro comparte los avatares, las formas y los destinos de varios tratamientos psicoanalíticos con pacientes adultos que sufrieron violencia sexual en la infancia por parte de personas pertenecientes a sus vínculos afectivos más estrechos. El fin es dar respuesta a tantos interrogantes de víctimas y familiares que me los hicieron llegar durante mis años de trabajo clínico, con el anhelo de que este llegue hasta los últimos confines, para que aquellos que lo precisen sepan así que hay espacios y experiencias clínicas para intentar mejorar, como un imperativo en defensa propia.

En la época de estos tratamientos, poco y nada se hablaba, se divulgaba y se prevenía públicamente acerca de este tipo de daños y del sufrimiento que conllevan. Mucho menos de las posibilidades y los destinos de tratamientos psicológicos especializados, con un fuerte compromiso de cambiar de vida, amenguar ese sufrimiento, desmenuzar lo sucedido, poniendo la responsabilidad en quienes sí la tienen, los adultos que ejercen la violencia sexual; elaborando el sentimiento de culpa de las víctimas para erradicarlo, y transmitir la fuerte convicción de que hay personas dispuestas a dar ayuda en el entorno que cada uno tenga, pero fundamentalmente profesionales preparados para hacerlo.

Durante años recibí mensajes de personas víctimas de violencia sexual desde distintos lugares del mundo diciéndome que nunca lo habían contado y que aún no se animaban. Es imprescindible elegir a quien se crea que es la mejor persona para acompañar ese momento y buscar ayuda profesional. Insistir, insistir e insistir. No dejarse vencer por quienes no entienden, no creen e incluso sugieren callar. Las víctimas de esta forma de violencia deben ser la prioridad en el momento de actuar. Es una decisión personal que requiere de ayuda, ubicarse como prioridad en la vida adulta, algo que no pudo ocurrir en la infancia por las dependencias de todo tipo que esta etapa conlleva. Es casi una urgencia dar ese paso; de lo contrario, los daños se van profundizando, los recuerdos guardados como secretos son tan dolorosos que pasan a ser una tortura para el psiquismo y funcionan como condicionantes de los vínculos del presente y del futuro. Cuanto antes mejor, aunque nunca, nunca debe ser tarde para mejorar.

En los años que corren se sabe mucho más sobre este daño, gracias a personas que se dispusieron a contarlo en medios públicos, no sin costos. Contaron con el acompañamiento de muchas personas, así como también de colectivos, de las madres protectoras, de los feminismos, que apoyaron, visibilizando a la vez a otros grupos de personas que descreyeron y atacaron. Lo ocurrido sirve para no esperar del entorno una respuesta homogénea; sería ideal, pero es un imposible.

Lo fundamental es que las personas que han pedido ayuda y han estado dispuestas a recibirla mejoraron. No es olvidando, pero sí resignificando. Empezar a pensarse de otro modo, reconocerse con todos los derechos, construir la forma de conquistarlos, frustrarse y volver a intentarlo. Fundamentalmente dejarse acompañar en la vida, pudiendo compartir incluso aquella experiencia de la infancia tan dolorosa, injusta, cruel, perversa, de una época donde no se estaba en condiciones de elegir.

Estoy convencida de que hay un acto de justicia para con nosotros mismos en la vida adulta que necesitamos ejercer desde lo más profundo, para ir en búsqueda de lo que fue arrebatado en la infancia, en la conquista de derechos, de más salud y más bienestar. Imprescindible para, por fin, ir tras los deseos propios. Es en esto que trabajamos intensamente en los tratamientos.

Mucho se espera del poder judicial en los juicios contra los violentos sexuales. Con rigor a la verdad, a veces se consigue justicia, pero muchas otras no, lo que resulta indignante. En la actualidad, son distintas las variables que inciden en los resultados: las leyes de cada país, el año en que se produjeron los hechos con relación a la prescripción del delito, el accionar de los miembros de la justicia, de cómo se lleve adelante el proceso judicial, de las pruebas que se puedan presentar, de los testigos. En cualquier caso, siempre será una injusticia. Fundamentalmente, surge el desconocimiento que los integrantes del poder judicial exhiben en cuanto al abordaje de la temática y sus trágicas consecuencias en la vida de las víctimas.

Revincular a los niños al cuidado de un adulto abusador, sea cual fuere el vínculo sanguíneo, con el argumento de mantener unida una familia y/o mantener un vínculo, no constituye familia alguna. Todo lo contrario; es perverso. Es ser cómplice de la tortura que es el abuso sexual, devolviendo al niño al violento sexual y al abuso, seguido por la criminalización que padecen las madres al denunciar semejante injusticia. Los derechos de los niños deberían estar siempre por sobre cualquier otro derecho (Ley 26.061).

Es injusto, frustrante, doloroso y riesgoso, incluso para el resto de la sociedad, que no tenga condena este tipo de crimen. Las personas que ejercen violencia sexual contra las infancias son perversos y lo seguirán haciendo con esa u otra víctima.

Estoy convencida de que tenemos que seguir trabajando cada uno desde su lugar, formando redes, para que la sociedad toda —y, en particular, el sistema judicial— haga justicia, cambiando las leyes actuales en la Argentina, definiendo como imprescriptible este delito en forma retroactiva, renombrándolo de un modo correcto como violencia sexual contra las infancias, bebés, niñas, niños y adolescentes. Fundamentalmente, necesitamos trabajar incesante y rigurosamente en la prevención. En nuestro país, disponemos de una única y gran herramienta, la Ley de Educación Sexual Integral (ESI), de alcance nacional y de aplicación obligatoria, que requiere de su cumplimiento. Es la única herramienta de la que disponen los niños escolarizados para la toma de conciencia, les otorga información para darse cuenta de qué es lo que están viviendo y pedir ayuda mientras suceden los hechos o al ser ya transcurridos.

Se debe desestimar por completo el uso indebido y perverso del comprobadamente inexistente invento llamado "síndrome de alienación parental" (SAP), utilizado como trampa en las defensas judiciales de los abusadores. Ya sin nombrarlo por su falsedad, aun así, los abogados utilizan en los juicios el argumento de que la violencia sexual relatada y denunciada por un niño es una mentira inventada por un adulto cercano; por lo general, se acusa a las madres. Este argumento solo denuncia la ignorancia o una intencionalidad manifiesta al momento de evaluar a un niño por los profesionales de cualquier ámbito, sea educativo, judicial, médico, psicológico o psiquiátrico. Los niños no pueden mentir sobre aquello que no conocen. Las terapias psicológicas, psicoanalíticas especializadas, las baterías diagnósticas de técnicas proyectivas y psicométricas, la hora de juego, los peritajes y la Cámara Gesell diseñada para la evaluación de las infancias, son herramientas de evaluación que dan cuenta de los daños derivados de los efectos de las violencias sexuales en la infancia. Estas deberían ser la mayor garantía de los procesos judiciales. No obstante, hay quienes desestiman todas estas pruebas para encubrir a los responsables, configurándose de una u otra manera en cómplices de la violencia e, incluso, reproduciéndola.

La vida adulta de una víctima de abusos sexuales en la infancia, si aún no ha hablado, es el momento para pedir ayuda, sin negar los condicionamientos del trauma, sino transitando sus consecuencias, enfrentándolas con ayuda y acompañamientos, armando puentes hacia la construcción de otra forma de vida.

Son las mujeres y los niños quienes han sido los más violentados sexualmente a lo largo de la historia. De ahí que las instituciones sostuvieron y se sostuvieron sobre la base de un sistema patriarcal que lo justificaba todo. Por esto, el actual movimiento de mujeres feministas en busca de una conquista plena de derechos traerá consigo conquistas en los derechos de los niños. No se le escapa a nadie que son las mujeres, las madres, quienes históricamente en forma mayoritaria han quedado y están a cargo de velar por las infancias, con un gradual involucramiento de los hombres, que aumenta, afortunadamente, día a día.

En tanto los contextos en cada sociedad no garanticen las necesidades básicas de las infancias, estas estarán expuestas cada vez más a situaciones de vulnerabilidad. La coyuntura económica las atraviesa en forma directa: basta con ver lo que ocurre con los niños sobrevivientes de los pueblos que sufrieron masacres, genocidios, guerras, los hijos de los migrantes y de los refugiados. De igual manera, hoy, como en las décadas pasadas, quedan expuestos a todo tipo de violencias, son usados como objeto de cambio y, en muchos casos, son abusados sexualmente.

Para que más niños gocen de la infancia, que debería pertenecerles y que como sociedad les hemos robado, habrá que mejorar nuestras legislaciones, instruir protocolos de acción contra la violencia para todas y cada una de las instituciones, hacer cumplir las leyes, mejorarlas, tener una clase política empática con la condición humana que tenga proyectos que involucren los derechos de las infancias, y, por sobre todo, comprender que son y serán siempre los niños los más vulnerables ante nuestra inacción.

Cuando empecé hace años mi trabajo con pacientes que padecieron abusos sexuales, la comunidad de profesionales abocados al tema era más pequeña; por suerte, día a día, estos aumentan en cantidad. Lamentablemente, la reacción ha sido el "*backlash*", una respuesta negativa a los avances conseguidos en la materia, en particular, por los movimientos feministas. Se trata de un concepto que hace referencia al rechazo de estas conquistas por parte de un grupo de personas que inciden incluso en los medios masivos de comunicación. La estrategia que utilizan es negar los hechos, naturalizarlos, culpabilizar a las víctimas estigmatizándolas e, incluso, llegan a negar la problemática. Manifiestan las argumentaciones de los pedófilos quienes reniegan de la realidad, incluso sabiendo que el niño está sufriendo con las violencias sexuales. A veces, argumentan tener un vínculo especial con el niño, cuando en realidad tienen un goce con la falta de consentimiento; es una perversión que se ejerce como un abuso de poder, ejecutada sobre los niños con violencia sexual. Es una práctica de pederastia. El *backlash* es, pues, lo que promulgan grupos de abusadores que se aglutinan con el objeto de no quedar en descubierto, en alianza o en connivencia con estudios jurídicos a los que mueve un interés económico, en desmedro de toda ética. Este movimiento debilita las posibilidades de las víctimas de pedir ayuda y denunciar, como de los profesionales de trabajar con las víctimas.

Estos movimientos dan como resultado el aumento del *burnout*, síndrome de desgaste profesional que es un estado de agotamiento mental, emocional y físico que se presenta como resultante de exigencias agobiantes, estrés crónico o insatisfacción laboral. Motivo por el cual es importante que la sociedad en su conjunto apoye a los profesionales que trabajan en estos casos, ya que sin ellos no habrá quienes puedan proveer salud y justicia a las víctimas de abusos y a sus familiares.

Según denuncia la Organización Mundial de la Salud, uno de cada dos niños o adolescentes sufre algún acto de violencia sexual en un momento de su vida. En la Argentina, el Ministerio de Seguridad registra que cada tres horas hay un acto de violencia sexual contra las infancias. No obstante, la Argentina no cuenta con sistemas estadísticos de alcances nacionales, y además sabemos que las estadísticas nunca muestran la totalidad de los casos respecto de este tipo de delitos debido a la falta de denuncias.

A la fecha, en la Argentina se trabaja por el "derecho al tiempo" para denunciar lo ocurrido: apremia modificar la legislación actual en nuestro país, es decir, exigir que este delito sea imprescriptible y retroactivo, que no haya un límite de tiempo para realizar las denuncias y que la ley aplique estos cambios a los crímenes anteriores. No solo se trata del derecho a la verdad que se busca con los "juicios por la verdad", utilizados en algunos de los casos donde prescribió el delito, sino que, además, haya pena para los abusadores. La imprescriptibilidad de este tipo de delitos es imprescindible para que los juicios puedan tener lugar en el momento en que la víctima esté en condiciones de hablar y denunciar, dado que ese tiempo es absolutamente singular en cada persona. Las amenazas explícitas o implícitas, el secreto, el silencio, la falta de comprensión cabal del hecho, los olvidos, el sentimiento de vergüenza, la culpa, como síntomas psicosomáticos y conductas autodestructivas, son solo una parte del estrés postraumático que obturan los pedidos de ayuda y la posibilidad de hacer las denuncias. Esto sumado a la soledad y el aislamiento en que se encuentran muchas de las víctimas. Nunca olvidemos que el abusador sexual es siempre alguien muy cercano a su entorno; esto retrasa el pedido de ayuda y la expectativa de credibilidad del entorno más cercano, quienes tienen vínculos estrechos, por lo general, con el responsable de las violencias.

Argentina sigue así los pasos de lo trabajado en Chile, donde la Comisión de Constitución de la Cámara de Diputados aprobó el 14 de mayo de 2019 el proyecto de ley "Derecho al Tiempo". Este declara "la imprescriptibilidad de los delitos de abuso sexual contra menores de edad", es decir, que este hecho delictivo no se puede invalidar pese al paso del tiempo, otorgándole de este modo un tratamiento similar al de los delitos de lesa humanidad.

En la Argentina, este proyecto se presentó en la Cámara baja en junio de 2022. Propone también modificar la denominación "abuso sexual" por la de "violencia sexual contra la infancia y/o violencia sexual", para adecuarse de esta manera a los tipos de violencias previstas en la Ley 26.485. Conjuntamente, en abril de 2022 se presentó un proyecto que propone la creación de un Ministerio de las Infancias y Adolescencias, con políticas públicas de promoción y prevención en la salud de las infancias como sujetos de derecho y deseo. Aún no se han conseguido ninguno de estos objetivos. Por otro lado, en lo que respecta tanto a la salud pública como a las prestaciones privadas, deberían ajustarse los protocolos de atención acordes a la especificidad de este tipo de daños, modificando los tiempos y las modalidades de atención. Para esto es necesario tener profesionales formados en la materia a lo largo de todo el país.

Se requiere de campañas de prevención, tratamientos clínicos adecuados a estos daños, formación académica específica en las carreras de grado, y en lo que respecta a las víctimas, aferrarse al derecho que tienen de una vida mejor a la infancia que les tocó vivir.

Ese derecho no puede depender ni de la sociedad, ni de los fallos judiciales tantas veces injustos, ni del entorno más cercano. Es un deseo que intenta estar por encima, atravesar transversalmente estos ámbitos.

Invito a la sociedad en su conjunto, y en particular a las instituciones que trabajan con las infancias, a sumarse y dar apoyo a ambos proyectos, con el objetivo de articular en forma transversal políticas dirigidas a las infancias y adolescencias, y así visibilizar, prevenir y erradicar estas violencias. Las políticas de Estado que procuren infancias saludables darán lugar a sociedades más justas, alejadas de la peor de las corrupciones, la sexual, contra bebés, niños, niñas y adolescentes.

"La infancia, se dice en la Enciclopedia de los niños, es un tiempo de dicha inocente que debe pasarse en los prados, entre ranúnculos dorados y conejitos, o bien junto a una chimenea, absorto en la lectura de un cuento. Esta visión de la infancia le es completamente ajena. Nada de lo que experimenta en Worcester, ya sea en casa o en el colegio, lo lleva a pensar que la infancia sea otra cosa que un tiempo en el que se aprietan los dientes y se aguanta", revela John M. Coetzee en su libro *Infancia*.

En medio de tantas injusticias, hay un acto de justicia que solo las víctimas pueden promover en beneficio propio y es hablar, pedir ayuda, ir tras la conquista de sus derechos, el disfrute de su propia sexualidad y la búsqueda constante de sus propios deseos. Es ahí donde está el trabajo clínico.

Todos y cada uno de nosotros tenemos una deuda con las infancias que hay que empezar a pagar para beneficio de las próximas generaciones.